卢礼阳 主编

我的第一本书

南京大学出版社

序言 /

王则柯

大约在六七年前，卢礼阳先生来信，命我为《温州读书报》写一篇主题是"我的第一本书"的文章。因为一直被卢先生他们复兴温州文化的热忱所感动，我马上就同意了，答应只要时限宽松，一定尽快奉上。

过了约莫一年半光景，自觉再拖下去就不好意思了，我赶紧打开电脑，写将起来。那几天我心无旁骛，很快就完成了这篇短文，题为《数学园地的盆栽艺术》。从具体写作时间之短，说它是急就章，似乎也并无不可，不过论内容的舒展和文字的认真，却是最有把握的一次。毕竟，对于文人、学者或者概而言之所有文字工作者来说，出版第一本书的前后，往往是他们事业的起步或起飞阶段，这个时段的历历往事，刻骨铭心，很有新鲜感。

三个月前，卢先生又给我来信，说在他们这个栏目上发表的头五十篇文章，正准备汇编成册出版，让我为这个集子写一篇序。对于此议，我犹豫了好久，后来不记得怎么糊里糊涂还是答应了。这其中，非常欣赏卢先生他们的这项策划该是重要原因。让不少人留下关于个人"第一本书"的珍贵回忆，让更多人从他们的故事中感受为学的激情，都是功德无量的好事。

我原来就浏览过这五十篇文章，现在为了完成这个序，又认真地逐一拜读了一遍，切切实实感觉到每一个单篇都很有可取之处。

例如只有高中学历的沈克成先生，毫无计算机方面的基础，却在年过半百之时，敏感到电脑书写时代的到来，刻苦钻研起电脑书写法来，并且很快就发明了一种表音码汉字编入法，获得了官方的科技进步奖。他的这种输入法还一度得到了推广。如果不是活生生的例子摆在我们面前，这条成功的轨迹简直就是天方夜谭。其实，如果一个人不知怎的就觉察到了一个课题，往往说明他已经粗略地悟到了解决这个课题的"思想路线"，接着就看他怎么去做了。沈先生就硬是这样做成功的。在此之后，他的这个具体发明遇到了所有其他输入法必须完全让位于汉语拼音输入法的"灭顶之灾"，他却覆巢之下，颇有完卵，凭着自己在发明表音码输入的四年历练中"演习"成功的科研能力，开始钻研文字学和方言学，至今已经出版了十几部专著。你看厉害不厉害？

书中的不少篇章，都是这样的励志故事。

游修龄的《学科文叉的尴尬和趣闻》真是"惜墨如金"。和别人不一样，他短短四百多字就交了卷，只写一项工作获得大奖的经过。题目本身就很吸引人，尴尬也因此变成了趣闻。

温端政的《回首〈歇后语〉〈谚语〉的出版》，提供了编辑作者良性互动的例子。"商务印书馆为什么会约我写书""一本怎么变成两本""两书影响了我的学术道路"等小标题，帮助提点了全文内容。《歇后语》第一次就印了13万册，《谚语》第一次也印了11万册，都是嘉惠写手和汉语语汇的善事。

顾志兴为他的第一本书《浙江藏书家藏书楼》，兴致勃勃地写了五千多字，仿佛展现了学界一卷天时地利人和的长轴。因为"十年浩劫"，全国出现书荒，一定程度上甚至到了"士子无书可读"的局面。作者有感于历史上浙江各地许多藏书家节衣缩食收藏典籍使文化不致中断，遂把研究明清小说的抱负暂且放在一边，先做起浙江藏书史的研究。这期间，作者认识了很快就尊称为恩师的胡道静先生，实在是一个重要的关节。胡先生有时写信指导，有时耳提面命，使他学业猛进。胡先生不仅学问好，腹中江浙的藏书故事也特别多，凡所知者，皆全盘托出。该书原来只是想写成一部通俗读物，但在胡先生的指导下，最终写成了一部学术著作。书稿成，胡先生抱病为作长序，写好后甚至无力再执笔写信，只在稿纸上写了"因甚疲困，不写信了"几字。该书出版后，胡先生还特别写信给他，要他将书分寄蔡尚思、周子美、郑逸梅、陈从周、黄裳诸位前辈，争取他们的指导和帮助。

余凤高的《从翻译到著作》，让我看到一个喜欢写作、渴望发表的青年，在几乎"投稿有罪"的著述环境下，如何成为报刊和出版社的座上客。写这个序的时候，我正驻访位于杭州六和塔旁的浙江大学人文高等研究院，而余先生就曾经在这里读大学，专业是中文。这一下子就增加了我阅读的亲切感。他因为涉猎广泛，俄语、英语都不甘后进，并且非常善于从图书馆吸取营养，不仅很早就悟出了鲁迅先生的一些"写作秘诀"，而且很早就熟悉我们因为这次空前的疫情才略略听说的《美国医学会杂志》《英国医学杂志》《柳叶刀》和《新英格兰医学杂志》。

原北京编译社的翻译黄鸿森，因单位在"文革"中被裁撤，人员下放劳动，后来竟致无单位可回。得到朋友的鼓励，他大胆向中国大百科全书出版社求职，面见出版社负责罗致人才的副总编辑阎明复，"一锤定音"，让他"下定决心来参加百科全书事业"。总编辑姜椿芳和副总编辑阎明复多次号召百科同仁大力编好百科全书，行有余力，还要写点文章，评介中外百科，交流编纂心得，探索编纂理论。因为上下同心，不仅大百科全书编得好，黄鸿森个人在百科全书理论方面也颇有建树。他的《百科全书编纂求索》，给我们讲了这个故事。

早年没有激光照排，出书都是用手工铅字排版。马大正的文章，谈到当年出版《中国妇产科发展史》，因为这部中医内容占比很高的书籍有许多难字和冷僻字，排字工人很不情愿排这样的书。于是，遇到铅字缺乏，他就到熟悉的温州日报排字车间寻找、借用，借不到的字，就利用周日，与爱人一起骑车到排字车间自己造字、刻字。这部约 21 万字的书，单造字、排版、校对，就花去了半年时间。

所有这些柳暗花明、无私提携、趣事逸闻，都是历史的沉淀，有些还可以作为历史的见证，例如像做"地下工作"那样必须偷偷摸摸地写作和投稿。

为免喧宾夺主，我必须打住了。最后，希望卢先生他们策划的"我的第一本书"栏目，能够一直做下去，并进一步扩大辐射面。

2021 年 5 月 8 日

目录

陈增杰：《永嘉四灵诗集》

我的第一本书《永嘉四灵诗集》，成于1983年2月，1985年3月浙江古籍出版社出版，1993年改换封面重出。这书虽属古籍文献整理，还不是严格意义上的学术论著，却是我治学历程的发轫之作，并自此转入唐宋元诗学和文献学研究领域。

1982年初，我正从事《汉语大词典》编纂工作，往来杭沪间，得悉刚刚成立的浙江古籍出版社规划编辑浙江地方文献"两浙作家文丛"，因之献议："永嘉四灵"为宋诗重要流派，在中国文学史上具有一定的地位和影响，宜可列入。我的建议得到出版社的赞同，《永嘉四灵诗集》遂列为"两浙作家文丛"第一批书目，我也见邀承担该书的整理校点任务。

那时出版的古籍整理本不多，此前我也未尝历事这方面的工作，所以花费了不少时间。为了保证编校质量，先要全面调查四灵诗历来刊布流传情况，以便确定底本和参校诸书。四灵诗集的版本较为复杂，且少人所知。清乾隆间四库馆臣修纂《四库全书》时已不甚了解，所撰各书提要多猜测疑似之词，如徐照《芳兰轩集》云："照集原本三卷，此本只一卷，不知何人所并。"赵师秀《清苑斋集》跋云："古书散佚，阙所不知可也。"今人研究文章如《文学遗产》1982 年第 1 期载葛兆光《赵师秀小考》文，述赵诗和四灵诗版本多见错误（予因作《对〈赵师秀小考〉的几点补正》加以纠正，载《文学遗产》1984 年第 3 期）。除借阅温州图书馆藏书外，我还利用参加大词典工作会议的间隙，去浙江图书馆、上海图书馆查阅资料。经过对现存 12 种传本（包括抄本）的比较分析，又从头到尾翻阅《南宋群贤小集》《江湖小集》等书，大致弄清楚了二徐翁赵诗的来龙去脉。

　　四灵诗集虽名目甚多，刊刻不一，归纳起来共有两个版本系统，一为选集本，一为全集本。先说选集本。《南宋群贤小集》第四册载有四灵诗友许棐《融春小缀·跋四灵诗选》，该文首次披露叶适尝编选《四灵诗选》，选诗五百篇，由钱塘书商兼诗人陈起（芸居）刊行。这一段记述意义重大，为前此论者和版本专家所未了解。因"江湖诗案"，陈起刊刻的江湖集诗板被毁，叶编《四灵诗选》亦同遭厄运。但明末潘是仁（切叔）辑校的《宋元四十三家集》（明万历刻本）有四灵诗四卷，收诗462首，我推测可能即来源于叶适的选本，基本上保存了叶选本的面貌。清嘉庆六年（1801）石门顾修读画斋重刻《南宋群贤小集》所收四灵诗（翁赵二徐各一卷），即取自潘本。顾刻《群贤小集补遗》又辑录佚诗三十多首。清鲍廷博知不足斋影写《南宋八家集》之四灵诗（上海古书流通处1922年），与顾本同。后来光绪四年（1878）乐清郑见田息耒园刊《四灵诗集》和民国四年（1915）冒广生永嘉诗人祠堂丛刻《四灵诗集》，均自顾本出（郑本、冒本又增补遗数首）。民国六年（1917）丁福保上海医学书局聚珍本《永嘉四灵诗》，又系据冒本翻刻。以上诸本连同补遗在内（除去重复者），计徐照诗117首，徐玑诗108首（原补遗《吾庐》一首删归翁集），翁卷诗138首，赵师秀诗141首，共计504首。但它们显然都不是足本，尚不能反映四灵诗的全貌。

再说全集本。南宋陈振孙《直斋书录解题》卷二十著录徐照集三卷、徐玑集二卷、翁卷集一卷、赵师秀集二卷，合计八卷，此应视为全集本。清初钱谦益绛云楼收藏的宋椠《四灵诗集》八卷（《牧斋初学集》卷十三有《书四灵诗集》诗），与陈振孙登记的刊本卷数相合，殆即全集本。不幸的是，顺治七年（1650）绛云楼失火，大部分藏书被焚毁，《四灵诗集》只剩存前半部四卷，即徐照集三卷、徐玑集一卷（上卷）。此劫馀残宋本亦极珍贵，为汲古阁毛扆（斧季）秘藏，不传于世，但藏书家黄丕烈士礼居、陆心源皕宋楼和孙诒让玉海楼各得其影钞本（仿原本摹写）。孙本存有何焯康熙四十年（1701）所写跋语："四灵诗，绛云楼所藏已为六丁取去，裱工陈生不知何自得其半，亦宋刻善本，今归毛丈斧季。此册乃陈生倩人影钞者，亦不易得，后人勿以非全书遂忽视之。康熙辛巳何焯记。"孙氏同治九年（1870）跋云："世所传四灵诗皆选本，此集为宋刊全集之旧，盖从影宋本迻录者。以较读画斋本二徐集，多诗百馀首。惜灵渊集缺其半，翁、赵两家则又全佚。然在今日，则残缺中之足本矣。同治己巳三月过吴门，得此于玄妙观前书肆。庚午十月读一过，书此。时余方纂

《温州经籍志》也。瑞安孙诒让。"此影钞残宋本《永嘉四灵诗》收徐照诗三卷计 256 首，较潘刻《芳兰轩集》多出 151 首；徐玑诗上卷 97 首（原 98 首，内《十日》与《溪上》异题同诗予除去），为潘刻《二薇亭集》所无者 56 首。黄丕烈、陆心源、孙诒让收藏的这三个景宋钞本同样十分宝贵。黄本后归常熟瞿氏铁琴铜剑楼（瞿氏藏书 1949 年后归北京图书馆）。陆本流落海外，但陆氏尝据钞本辑录顾刻所不载之徐照、徐玑逸诗四卷，刊入《潜园总集》本《群书校补》中（见卷九〇至卷九三）。孙本四十年代由孙氏后人捐给浙江大学图书馆。1925 年南陵徐乃昌刊《永嘉四灵诗》（实只徐照、徐玑诗）和 1928 年永嘉黄群敬乡楼丛书之《芳兰轩诗集》《二薇亭诗集》，皆据孙氏玉海楼抄本校刻。徐玑诗各附补编一卷，系从顾刻《南宋群贤小集》及《群贤小集补遗》补录此本失载之诗。此外，上海图书馆善本室珍藏之清抄本《永嘉四灵诗》（实只二徐诗，笔者曾借阅），亦出自汲古阁残宋本，卷末有蒋懋昭跋。

根据上述版本情况，我在校理时作了统筹安排，将流行的选集本和残存的全集本合编，各取优长，除去重复，连同补遗，加以整合，编为七卷，即：徐照《芳兰轩诗集》三卷，计诗 259 首；徐玑《二薇亭诗集》二卷（以残宋本丁卷为上卷，从潘本补录者为下卷），计诗 164 首；翁卷《苇碧轩诗集》一卷，计诗 138 首；赵师秀《清苑斋诗集》一卷，计诗 141 首。共得四灵诗 702 首。此外，从宋元人著作中，如李龏《梅花衲》、释绍嵩《江浙纪行集句》、罗大经《鹤林玉露》、张端义《贵耳集》、陈景沂《全芳备祖》、陶宗仪《说郛》等书，辑得若干逸句附各集后。

书成，撰作长篇《前言》，论述四灵生平、诗歌成就、四灵诗派形成原因及影响、四灵集版本等（后题为《南宋四灵简论》在《浙江师范学院学报》发表）。广泛搜集有关四灵的资料，汇编附录，分为"志传序跋、诸家题咏酬赠、诸家评论、《瀛奎律髓》、《刊误》批语"四辑。这样，经过合编校理的《永嘉四灵诗集》，就以完整详备的全新面目呈现给读者。

《永嘉四灵诗集》出版后，给宋诗研究者带来了方便，得到学术界的好评。由于这是温州这一方水土孕育的土生土长的著名文学作品，尤为地域读者所喜闻乐见，它的出版给温州地方文献整理开了一个头，起到了推动促进的作用。1987 年由温州市图书馆选送参加浙江省文化厅举办的"浙江省公共图书馆服务成果展览",颁发荣誉证书。莫砺锋、程杰《新时期中国大陆宋诗研究述评》"文献整理"下举例云:"沈文倬校点《王令集》、孔凡礼校订《苏轼诗集》、曾枣庄马德富校点《栾城集》、王献堂校辑《双行精舍汪水云集》、陈增杰校辑《永嘉四灵诗集》,或校比文字,或附录资料,或考编事迹,对原本都有程度不等的整理。"(《阴山学刊》2000年第2期)后来出版的胡俊林《永嘉四灵暨江湖派诗传》(2000)、赵平《永嘉四灵诗派研究》(2006)、吴晶《永嘉四灵徐照、徐玑、翁卷、赵师秀传》(2008)等著作,皆列本书为主要参考文献,并承惠赠。周梦江《宋元明温州论稿·叶适文学思想续谈》(2001)、钱志熙《试论"四灵诗风"与宋代温州地域文化的关系》(2007)等文,也都引述了本书《前言》的论见。

2014 年 2 月 3 日

沈克成：《表音码汉字输入法应用手册》

应该是二十年前的事了，那时候我才五十来岁，经历过青年时期的磨难，相对来说已经比较成熟。三个孩子都已完成学业，走上了自力之路，我终于获得了关起门来专心读书的机会。我母亲自幼就灌输给我一种传统操守：能吃苦中苦，方为人上人。作为一个仅有高中学历的人，却不自量力，很想做一个学富五车的人。我在苦苦思索这后半生该做些什么，但现实是，一个生活在社会最底层的人，人微言轻，纵有雄心壮志，却报国无门。

　　那时候，国人刚刚知道国外出现了计算机，似乎正要使整个世界天翻地覆，推动新一次的工业革命。但这是外国人发明的，使用的语言是英文，它不识中文，怎么办？听说高层引起了一阵恐慌，让学数学和物理的专家学子纷纷转向，改行搞计算机。难道中国又要输在起跑线上？只有科技才能救国，才能中兴。这时候，在编码界出现了千军万马的局面，大家各显神通，提出了各式各样的输入方案。温州人永远是先知先觉者，温州人发明的双拼双音和表形码在国内的知名度甚高。我虽然没摸过计算机，但我想自己或许可以发挥一点想象空间。我始终认为中文输入不能仅作为打字员的职业，而应该是凡使用计算机的人都必须掌握的一门技能。

我虽然学历不高，但毕竟一直坚持自学，在形象思维和逻辑思维的锻炼上没有偏废。于是我在市科委情报所待了整整半个月，翻遍了所有相关专利，做了大量笔记，希望能站在人家的肩膀上往前冲刺。我足足花了一年时间，在纸上勾画对 6 763 个汉字的编码设计方案，不断地推翻，不断地改进，终于让自己的思路和设想在《温州大学学报》上得以发表。一时间，各通讯社先后发布了"温州人发明沈码"的消息，最早采纳该码的是杭州市教育局，他们发了个文件，要求各学校选派打字员参加沈码培训。这时，浙江科学技术出版社闻讯找上门来，表示要出一本教材。我从来没写过书，连报纸上的豆腐块也很少有，第一次接到约稿合同时，感到莫大的惊喜，也承受着极大的压力。好在跟我联系的副社长和责任编辑，都是很年轻的书生，他们不厌其烦，耐心细致地帮我编写了写作大纲，让我按部就班，用心撰写。待书稿完成后，很快就审查通过，排印付梓，那是 1994 年的夏天。

书名是出版社定的，叫《表音码汉字输入法应用手册》，干巴巴的不加任何成色。想不到该书后来获得华东地区科技图书二等奖。我不知此奖为何物，出版社告诉我，这是很高的奖项，每两年评一次，一等奖一名，二等奖二名，三等奖三名，面对上海众多优秀出版社，浙江能分到一杯羹，实属不易。但此奖只给出版社，不给著者，所以我连一张奖状也没拿到。不久，在全国首届科技博览会上，我如愿以偿地拿到了一个"科技创新"奖。

紧接着，机械工业出版社又向我约稿，考虑到那是全国一级出版社，我又"改嫁"到他们那儿，先后出版了《沈码输入法》和《汉字部件学》两书。这时的我在编码界已小有名气，相继加入了国家一级学会中国中文信息学会和中国计算机学会，并被增补为汉字编码专委会委员。

后来，国家调整了方针，决定向日本学习，大中小学生只能用拼音输入中文，不推荐任何输入法。我知道自己已经完成了阶段性使命，于是改行开始钻研文字学和方言学。从第四本书开始，我转向跟社科类出版社打交道，至今已出版十几部专著。我深切感受到，在自然科学领域，做学问比较严谨，你肚子里有七分货，要想变成白纸黑字，往往只能被挤干成五成，而绝对不可能稀释为八成。而人文领域就不一样了，可以允许有较大的发挥空间。幸好我先有了前四年的磨练，使我这二十年的写作能游刃有余。

现在的时代，急功近利，年轻人普遍耐不住寂寞，唯有像我这样的老朽，只要坚持坐冷板凳，或许可以越活越年轻，越老越值钱。

需要交代一下，大儿子沈迦是学文科的，刚好从杭大毕业回来，于时我把他也拉下了水，到后来更是一发而不可收，这是后话。

还需要交代件事，沈码的设计思想并不适合专业打字员的"看打"，而是迎合了知识分子的"想打"，所以受到了老一代知识分子的欢迎。时过二十年，全国还有一批老年文化人在用沈码写作，温州也一样，如张思聪、沈沉、渠川、黄瑞庚、金辉、金陵等先生都是我的"粉丝"。可是，待我们这一代小时候没学过汉语拼音的老朽退出历史舞台，沈码也将寿终正寝。现在我的儿孙们没有一个在用沈码，我很释然。

2014 年 3 月

游修龄：《稻作史论集》

当代科技重要著作·农业领域

游修龄 著

稻作史论集

中国农业科技出版社

我的兴趣是研究农业科技史，特别是水稻科技史。我的第一本研究成果是 1993 年出版的《稻作史论集》，该书被列入中国农业科技出版社"当代科技重要著作·农业领域"的著作之一，因而学校把它送省里评奖。

当时省里的评审组分文科和理科两组，该书先送文科组审查，文科组的专家看了，说这书里很多现代农业科学的内容，应该由理科组评审。转送理科组后，理科组的专家看了，认为书里有很多古代历史文献，应该由文科组审查。这样推来推去，两个组都不愿受理。

无奈之下，把矛盾上交给浙大、农大、医大和杭大的四位校长决定，校长们经过商议，让作者尽快拿出同行的两位专家，一位国内，一位国外，对这书进行评议，借以审定这书的学术价值。刚好我曾把这书赠送给日本研究中国农业史的专家天野元之助教授，及国内科技史学家胡道静先生，他们两位的回信都对此书有肯定的评价，我就把两位的信件交了上去。

最终，这书在文理两组以外，单独给予"浙江省科技成果一等奖"。这件事说明在学科交叉没有充分开展的情况下，会遭遇意想不到的尴尬和趣闻。

2014－03－07

附记

游修龄先生生于1920年，土生土长的温州人，毕业于英士大学，长期在浙江农业大学任教，做过校图书馆馆长。2009年春，浙江图书馆馆长程小澜女士将游先生回忆中学同学、地理学家陈正祥的稿子转到温图，希望在《温州文史资料》或家乡其他合适的刊物上刊出。同事说，你是政协委员，这个事情交给你了。我遵嘱与市政协文史委联系，主事先生介绍，今年计划出知青回忆录，游先生稿留待以后出综合性集子时安排。考虑到游先生稿内容的珍贵，《温州读书报》分两期刊登，由四版编辑陈伟玲经手。随后我们约游先生继续惠稿，并于次年5月起开设"故乡旧事"专栏，前后刊登不下二十篇，颇受读者关注。远在美国的马大任先生看到，自报家门，称自己是游先生长兄止水先生的初中学生，要求与游先生恢复联系。征得游先生同意，帮两位交换了电子邮箱地址。后来，"我的第一本书"专栏开设，游先生自然在优先考虑的组稿名单之中。当年3月4日发邮件约稿，不曾想，两天后，九十四岁高龄的游先生已脱稿："年纪大了，出书多，记不清我的第一本书是什么书。下面这篇小文，从另一种角度写，即学科交叉的第一本书，不知是否合适？不合适，就不采用。"可谓别具一格。——编者2022年11月2日

朱则杰：《清诗鉴赏》

我在 20 世纪八十年代初刚读大学本科的时候，得知出书通常都是"正常出版"。只要书好，总有出版单位无条件接收，并向作者支付稿酬。但读到博士研究生阶段，伴随着改革的浪潮，所有出版单位都由原先的事业性质改为企业性质，在经济上要自负盈亏。这样一来，原先正在联系甚至已有约稿的几种著作如《清诗史》《清诗代表作家研究》《朱彝尊研究》等，全都沉入箱底。而我出的第一本书，也就让位给了《清诗鉴赏》。

　　《清诗鉴赏》的出版，已经是我来到浙江大学踏上工作岗位之后。当时我开了一门全校选修课"清代诗词鉴赏"。机缘巧合，此书申请到了学校教材出版的计划。但尽管如此，浙江大学出版社仍然要求作者包销三千册，不过事后也有一点稿酬。而根据我后来的经验，如果能成功包销三千册，那么即使自费出版，也是完全可以赚回来的。不管怎么说，我终于在1991年8月，第一次正式出版了自己的书。

《清诗鉴赏》一书，正编三十篇，附录三篇，不足十五万字，只能算是一个小册子。卷首请本科时代的老师吴小如先生赐序，又请了我的私淑老师、同乡前辈林冠夫先生题签，为全书增色。毕竟是第一次出书，喜悦之情不可言喻。记得当时光分赠亲朋好友，就用掉了六百多册。余下还有两千余册，主要是卖给选修课的学生。

那时候上课不计工作量，主要凭热情。文科选修课在理工科学校中刚刚提倡，学生选课的积极性也很高。"清代诗词鉴赏"每个学期可以开两个班，每个班可以多到二百余人，只要教室容纳得下就行。上课之前，我用三轮车或者自行车把书一捆捆运到教室。选课之际，学生买走一册，我收回一张选课单。书的定价是一元九角，我就事先在每册书中夹好一角的纸币，方便找钱。空下来之后，我又给每个学生的书写上"某某兄指正"之类的字样作为纪念，并且事先在署款处盖好一枚闲章，一般用的是"湖上灵隐"。这虽然不是所谓的名家

"签名售书"，但学生还是觉得很有趣。如今在互联网上，有时候还能见到本书的所谓"签赠本"转卖，应该就是这样的教材学生在毕业后处理掉的。

至于出版社方面，不但第一次就印了四千册，而且后来至少还加印了两次，定价也提到了三元一角五分。很多图书馆都有本书的藏本。不过，再往后据说就卖不动了。这里面的主要原因，正如现今很多廉价药药店不愿意进货一样，是书商销售本书的利润实在太小了。

这利润的小，自然跟本书的规模小有关。但尽管它规模小，毕竟是我的第一本书。它在我的清诗研究系列著作中，从作品鉴赏的角度占有一个侧面。即使到今天，清诗鉴赏方面除了他人编纂的集体著作《清诗鉴赏辞典》之类外，专门的著作也仍然只有这一种。而它的正式出版，对我以后的学术研究积极性的恢复，起到了重要作用。

2014 年 5 月

马大康：《生命的沉醉》

马大康　著

生命的沉醉

——文学的审美本性和功能

南京出版社

人生有许多第一次，可是作为一名高校教师，当手捧自己的第一本著作，哪怕是装帧简陋的小书，那种兴奋与激动也是难以言喻的。对于我这位"高龄产妇"来说，那份感受又别有一番滋味。小书出版的1993年，我已经46岁。这样的年龄，老一辈学者早已步入学术高峰期著作等身了，而我却刚刚开始自己的学术生涯。

　　经历了十年支边新疆的兵团生活，之后又读了三年研究生，1984年底，我分配到温州师范学院工作。那几年，除了承担中国现代文学、美学、文艺心理学三门课程外，我还负责编辑《温州师院学报》。两个孩子读书，家庭生活拮据，不得不在校外兼课，只有夜深人静才能挤时间备课和撰写论文。当时尽管已经发表了不少论文，并于 1988 年破格晋升副教授，但毕竟研究领域分散，成果零碎，形不成一个明确的研究方向。1992年下半年，在学校领导谷亨杰、李日增和人事处长仇毅的支持下，我终于获得去中国社会科学院文学研究所访学的机会。

我的导师是中外文艺理论学会会长钱中文先生和杜书瀛先生。钱先生每周给博士生开半天课，就文艺学前沿问题和热点问题展开讨论。先生事先布置讨论题目让大家准备，课堂上先由学生发言，先生最后总结。虽然我只有幸参加了半年课程，却开阔了理论视野，了解了前沿动态。

到北京不久，我就确定了专著的中心论题，酝酿了论述提纲，并在钱先生的指导下开始专心写作。除上课和写作，我还参加了金元浦、王一川、陶东风、张法几位年轻博士的学术沙龙，每次就一个共同问题神聊，然后分头写文章作为笔谈发表。那时，正当经济体制改革深化、下海经商酿成新潮之际，我们却活在象牙塔里，一心一意做学问。

北京的冬天来得特别早，转眼间气温骤降，呼啸的寒风将枯叶一层层从树枝上剥落，无情地委弃在尘土里。我住宿的社科院研究生院坐落在北京城郊，似乎更显肃杀气象。从那里去文学所听课或借书，得顶着北风蹬两个小时自行车。每每双手被冻得皲裂溃烂，身上却依然热汗涔涔。听完课，赶回去用餐是来不及的，只能在街上花一元钱买个煎饼充饥。最诱人的是北京的烤红薯，只要你从街市穿过，路边飘来的阵阵香气，馋得你无法抗拒。我只得屏住气息，加快步伐，逃离这个魔障。

那些日子尽管清贫、辛劳，内心却十分充实，难得有这样一个机会让我心无旁骛地专心读书、思考、写作，工作效率特别高，思路顺畅，妙绪泉涌，短短四个月就完成了专著的主体部分。

1993年上半年，专著终于杀青，可是真正令人头疼的事情才刚开始。那时，学术著作出版难已经成为学界一个难解的症结。学术著作不挣钱，哪家出版社愿意干赔本买卖？向几家出版社问询，不是被直接拒绝，就是开出高价出版费用。对于囊中羞涩的我，更是无计可施。面对厚厚一摞誊写得工工整整的手稿，我不能不感到惶惑和气馁。写作是艰辛的，常常有难题搅得你心神不宁。可是难题本身也是诱惑，它激发你以加倍的勇气去求索。当你在阅读、思考中疑团冰释，登上一片理论新地时，那种快意是足以补偿你付出的所有劳苦的。而面对出版无门的我却是一筹莫展。

我感到这个"孩子"太生不逢时。在人人忙着挣钱的时候，我却在清谈文学和审美。所幸，通过学界朋友的介绍，南京出版社以最低价接受了我的书稿。为了节省开支，封面是由我女儿马伊设计的。钱中文先生为书作序。其中写道：

> 我赞赏大康踏实、严肃的学风。他认认真真读书、踏踏实实做学问，目不旁骛，心无杂尘，专心致志，孜孜以求。不哗众取宠，也不争趋时流；不浮躁狂妄，也不人云亦云。这在当前学术界的氛围中，确实是难能可贵的。前几年，有不少有才能的年轻人随商潮而去，但也留下了一些执着于文艺理论探索的人。他们淡泊为学，希冀在精神文明建设领域有所建树，获得生活的乐趣，这正是我国文化建设的希望所在，大康就是其中之一。

先生的肯定给了我莫大鼓舞，即便在我整天奔忙于学校行政事务的时候，也没有放弃学习和写作。著作付梓，我把它命名为《生命的沉醉》。是的，那虽然是一段艰辛的日子，却也是最让人沉醉的日子。

2014 年 9 月

瞿光辉：《狐狸的神药》

我从少年时代开始就喜欢舞文弄墨，目的只是希望有朝一日会出本自己的书。我从小就喜爱书，读书在我眼中就是良辰美景、赏心乐事。但孜孜矻矻，出来的第一本书却是不登大雅之堂的寓言集：《狐狸的神药》。

　　我小时候在学校国语课本中读过的至今还记得的也只是几则寓言，比如有则寓言说有户农家只有兄弟两人，家里唯一的财产只有几十根甘蔗，分家的时候就把甘蔗平分了。分家那夜，兄弟俩都不能入眠，哥哥担心弟弟年幼谋生困难，于是趁夜色从自己那份中抽出两根给弟弟；弟弟则忧虑哥哥负担重，于是趁天暗，从自己那份中抽出两根给哥哥。第二天两人一数，自己的甘蔗怎么不见少呢。故事的寓意是不言而喻的。

　　我认为寓言是形象思维与逻辑思维相结合的一种文

体，它用词精炼，有的往往变为成语，如"狐假虎威""刻舟求剑"，我们一看到这几个字眼前就浮现出整个故事情节，因而受到哲理的启迪。因此，优秀的寓言往往很好懂。但也有很难懂的寓言，比如有一则寓言我几十年了也不理解：

　　有一个贵胄往远方去，要得国回来，便叫了他的十个仆人来，交给他们十锭银子，说："你们去做生意，直等我回来。"……他既得国回来，就吩咐叫那领银子的仆人来，要知道他们做生意赚了多少。头一个上来，说："主啊，你的一锭银子已经赚了十锭。"主人说："好，良善的仆人，你既在最小的事上有忠心，可以有权柄管十座城。"第二个来说："主啊，你的一锭银子已经赚了五锭。"主人说："你可以管五座城。"又有一个来说："主啊，看哪，你的一锭银子在这里，我把它包在手巾里存着。我原是怕你，因为你是严厉的人。没有放下的，还要去拿；没有种下的，还要去收。"主人对他说："你这恶仆，我要凭你的口定你的罪。你既知道我是严厉的人，没有放下的，还要去拿，没有种下的，还要去收，为什么不把我的银子交给银行，等我来的时候，连本带利都可以要回来呢？"就对旁边站着的人说："夺过他这一锭来，给那有十锭的。"他们说："主啊，他已经有十锭了。"主人说："我告诉你们：凡有的，还要加给他；没有的连他所有的，也要夺过来。……"

这则故事见于《圣经·新约·路加福音》第十九章。《马太福音》第二十五章末尾也有主人说的最后那句话，所谓的"马太效应"就来源于此。

对于这句话，也就是寓意，长期以来我都百思不得其解。《圣经》有言，"上帝爱世人"，他是慈爱、公义的，怎么会让富者愈富、贫者愈贫呢？我大半辈子生活在以小农经济为基础的社会里，受过均富济贫思想的熏陶，认为这太不公平了。直到改革开放以后我才认识到金钱是工具，货币要流通才能体现出价值，才能增值，才能提供更多的机会。寓言中的第三个仆人是个懒汉，是个不负责任的人，一个连最简单的"生财之道"也不去尝试的思想僵化者，这种人的被淘汰符合"能者生存""优胜劣汰"的天然法则。至此我才认识到《圣经》

中这则寓言的意义以及其中蕴涵的智慧。

我也写了一些寓言，但好的不多。因为人同此心，心同此理，要别具炉锤，实在不易。在"文革"结束不久我写出了《猴子、松鼠和有毒的果子》，有人认为颇为难得。写不少聪明人常常因为只想着自己而最终失败了的《自我陶醉的马鹿》，以及写赞赏合作共赢的《仙人掌和佛指甲》等作品曾被选入多种选本。

寓言篇幅短小，集腋成裘颇为不易。感谢时任安徽少年儿童出版社编辑的薛贤荣将我的寓言五十余篇与另一位寓言作家凡夫写的合编在一起出版。因此，我的第一本书确切地说是我的第一个半本书。

2014 年 10 月

钱志熙：《魏晋诗歌艺术原论》

有人将自己的著述比作子女，那么，第一本书当然就是第一个孩子，自有另一种感情与评价。

我的本科和硕士是在杭州大学读的，由于夏承焘等先生的关系，杭大在唐宋诗词方面力量很强。我的硕士导师蔡义江先生专擅唐诗，吴熊和先生专长宋词。我在本科、硕士阶段，读得最多的也是唐宋诗词，先是读选集，后来也读一些大家、名家的别集。硕士的题目选的是黄庭坚，数年间，山谷诗朝夕不离手。但从苏、黄的文学中，深感他们对魏晋文学的推崇远过于对唐文学的推崇。这个题目，我到现在都还没有系统地去阐述。这样子就开始上溯到魏晋。硕士毕业后到温师院任教，选择报考北大的博士生。全国古典文学的分段，各高校是不一样的，大体有两大系统，一是以北大为主的系统，将魏晋南北朝与隋唐放在一段，宋元放在一段。一是南方一些学校将汉魏晋南北朝放在一段，唐宋放一段，元明清放一段。两种分法，并非简单的段落划分上的不同，而是存在着不同的观察角度与史学脉络，但难论高下。我硕士读的是杭州大学的唐宋文学方向，博士读的是北京大学的魏晋南北朝隋唐五代文学方向。我后来的研究之所以以魏晋南北朝和唐宋为主，与就读期间的这种经历不能说没有一定的关系。而我的第一本书之所以是《魏晋诗歌艺术原论》，而关于宋诗的专著《黄庭坚诗学体系研究》反而是在第一本书出版十二年之后。这也与上述学术经历有关。

我在研读苏、黄文学时注意到其与魏晋文学的关系，尤其是他们对陶渊明的无以复加的推崇。决定报考北大博士之后，我就将学习的重心转到魏晋南北朝文学方面了。由于在研究黄庭坚时，对他的思想作过一些探索，就形成了我早期研究的一个特点，即比较注重文学史与思想史的关系。八十年代后期，美学热开始降温，文化学的研究方法盛行，我也自觉不自觉地受到这种风气的影响，在思考魏晋诗歌史的问题时，会特别注重其与思想文化背景的关系。而这的确也与魏晋文学的固有特征相符。但另一方面，我一直重视艺术本身的问题，做法与一般的美学方法和文化学方法有所不同。于是到了博士二年级的时候，我就着手系统地研究魏晋诗歌的艺术发展进程及其与社会文化的关系。那时正逢八十年代末，我女儿出生，那年暑假在老家四个多月，细读了《晋书》，收获不少。假期中整理两年来的札记，写了论述魏晋诗歌艺术系统的两万字提纲。返校已是金秋，即着手初稿，至寒假前写完初稿。

恩师陈贻焮先生对我特别的关爱，我在他那里得到了足够的鼓励与充分的自由。正是这种鼓励与自由，使我能够充分发挥自己的长处。获得导师同意后，我准备暂不让他看初稿，等自己完全定稿后再交给他。寒假回乐清，继续修改。到学校后，改好一章，即交恩师，获得认可。他审读第一章时，我再改第二章。等恩师读完，再呈上第二章的定稿。到了四月底，博士论文《魏晋诗歌艺术原论》全稿完成。

这段经历，现在想来，心里仍感砰动。我一生中，到现在为止，对我最为宽容、最多肯定的，仍然是恩师，焉能不感念终生！2005年《魏晋诗歌艺术原论》修订本出版之际，陈先生作古已经五年。再版后记中我写过这样四句："弩骞每依鞭策频，更因说项感情真。如今海内多青眼，长忆当年青眼人。"这是真实的心情。

1990年博士毕业留校后，仍是先师的推荐，我的博士论文得以列入北大青年学者文库。经一年多修改，《魏晋诗歌艺术原论》从原来的17万字增加到近40万字，1993年得以出版。后来获得第三届北京市哲学社会科学优秀成果一等奖，第二届全国青年优秀社会科学成果奖专著奖。但我更注重的是海内外学者的一些反响与鼓励。台湾大学齐益寿教授谬许此书与刘师培的《中国中古文学史》、王瑶先生的《中古文学史论》为魏晋诗歌研究方面的三大里程碑。我岂敢谬引前修以自重！

作为一部学术著作，是非长短，自有后来的研究者评价，我这一篇小文就不介绍《原论》的内容了。只是最后有一点感想：一书之成，除了作者的学识与才情起主要作用外，时代的风气乃至暗中涌动的某种群体情绪，恐怕都会在其中烙下印痕。

人生而能著述，是多么幸福的事情呀！我愿终生持之，没而后已。

2014年11月

瞿炜：《命运的审判者》

每天早晨我都会睡过头，那就索性一直睡下去，时间就这样在我的酣睡中溜走了。直到有一天，我从幻梦中惊醒，恍惚看见自己站在时光的原野上，那里一片荒芜。这都是因了我的慵懒而教生命渐成虚空。我为之惭愧，为着春天的荒芜而焦虑不安。

　　青春眼看就要逝去，而我该为自己的青春留下怎样的一个纪念呢？那时我想，倘能在而立之年出一本书，为青春的幻梦立下不朽的文字，那这样的青春是断不会在酣睡里虚掷的。

　　于是我选择远行。在我二十八岁那年，我一路向南，向西，向北，穿过中国的腹地，恍若走向世界的边缘——向大地探求历史的踪迹，向不同的人生探求生命的意义，向贫苦的生活与艰难的世道探求社会的根源。

这一段旅行对我的人生尤为重要，在四个月的时间里，我游历了十一省，从沿海城市走到横断山脉的大峡谷，沿着雅砻江与青衣江，看浩荡的雪山之水一路奔涌，风餐露宿的艰辛并不足以向这样的大江大河发出矫情的感慨。在雪山之巅，唯有风雪凌厉的幽古传说；而在那空荡荡的天际，人，何其渺小。

那时，青春的情怀是热烈奔放的，而理性之光所照耀的对生命的思索，却何其凝重，正如轻盈的羽毛忽然在半空停滞，那一刻，它比巨石更沉。我用抒情的语词记叙了这段旅行，如今重读那些稚嫩的文字，我依然感到自豪，因为所有那些情怀的抒写，都真诚地表达了我对大山大河、小城小寨的虔敬与缅怀。

这就是我的第一本书——散文集《旅者与梦》，出版于1999年。对我来说，那是一个值得纪念的年份，因为那正是我的而立之年。那一年，我的第一个儿子三岁，我终于买下了一间屋子，我的书房里堆满了书。看着儿子坐在书堆上自顾玩耍，我不再焦虑不安，唯愿我的梦想从此开始飞翔。

爱情往往忽如其来，那是无比幸福而美好的一段感情，可以说，那几乎就是我的初恋。而那位来自乡间的刚毅而俊美的女子，在与我相恋三个月后便同居了。那是 1990 年，东欧剧变，自由世界的光芒以对民权的召唤而推倒了坚固如柏林墙般的政权。我们居住在父亲曾经居住过的阁楼上，抽烟、喝酒，用诗歌憧憬未来，而未来从来都是又现实又渺茫。

那时我沉醉于对新诗格律化的探索，我找到了似乎最能克制地抒发情感的表达形式，那就是十四行诗体，也就是五四时期曾经让许多现代中国诗人陶醉的"商籁"体。从彼得拉克到莎士比亚，从里尔克到冯至、朱湘，当然还有在温州的九叶派诗人唐湜先生——他送了我一本《蓝色的十四行》。而我，也尝试着在那一咏三叹的形式里，寻找属于我的节奏与方向。

从 1990 年到 1999 年，十年间我断断续续地创作了两百多首十四行诗，它们以爱情为主题，串起我对人生的思考，尤其是对生命、律法、信仰的思考。而爱情则是这一切的审判者，冷眼旁观，贯穿始终。因之，我将这些诗汇聚在一起，冠以《命运的审判者》。这十年间，与我同居的女子，成了我儿子的母亲。

如今回想起来，那时的场景仍然让我感到温馨。妻子一早出门，去商场开门营业——那时我们经营着一间小服装店——而我则将早餐的馒头留下两个。一整个上午，我都在那暑热的阁楼上埋头读书，写我的十四行诗。那两个馒头就是我的午饭，之后我会蹑到我们的小服装店帮忙，晚上与诗友聊天。那是我最舒坦的时光，了无牵挂，一去不回。

那些散落在我笔记本上的诗篇，我很少拿出示人。最好的友朋，在酒酣耳热之际，才会乘兴读读，也都一笑而过，何曾将它们当一回事。后来有几首通过吕人俊先生的推荐，在《萌芽》发表，还有几首在《诗刊》发表，但这些轻声的歌唱，从来没有引起别人的注意。

这样又过了十年，2009 年，我从中挑选了 101 首，组成诗集《命运的审判者》寄给女诗人荒林，她认为很好，推荐给九州出版社出版。她还找来在北京的温籍油画家林剑峰为我的诗集配插图，她认为我们早就应该是朋友。事实上我们素不相识，直到两年后在温州相逢，才有了一见如故的感觉。

那个从乡间走来的俊美女子，后来成了我的妻子，她让我留在阁楼上抒写十四行诗。我们生活了将近二十年，而当这些诗出版的时候，我离开了她。

2015 年 1 月

张思聪：《张思聪剧作选》

戏剧和影视都是综合艺术，文学剧本仅仅是整个艺术创作的第一道工序，对于戏剧和影视作家来说，作品最后是要书写在舞台、银幕和荧屏上的。只有和观众见了面，才算完成。按照这个思路，我从 17 岁开始学习创作，十年后的 1971 年，才写出第 一 本 戏 曲"书"——越剧《七女闹海》，而第一本话剧"书"则是写于 1977 年的《决战》（与人合作），第一本电影"书"是 1981 年的《何处不风流》，第一本电视剧"书"是 1984 年的《远洋船长和他的妻子》。

至于纸质书，和大多数剧作家一样，较少作这方面的考虑。因此，直至 2000 年，才有一本比较完整地反映我创作成果的书——中国戏剧出版社出版的《张思聪剧作选》。当时浙江省戏剧家协会选择几位省内主要剧作家统一出版一套"浙江当代剧作家丛书",我有幸忝列其中。丛书由著名剧作家、时任浙江省文联主席顾锡东先生作总序,著名剧作家、时任省文化厅厅长钱法成先生专门为我这本书写序。顾先生文中说:"浙江剧作家之热爱家乡者首推温州张思聪。他从舞台上、银幕上再到屏幕上推出一系列剧作,一步一个脚印,生动鲜明地反映了温州人民艰苦独特的创业历程。温州是南戏诞生地,张思聪又以其示范之作,推动温州剧作家们大搞南戏系列之变旧成新。"钱先生文中说:"思聪是浙江剧坛的主将。不但现代写得好,古代剧也编得很好;不但话剧写得精彩,更是编写戏曲剧本的高手。"我知道这是两位前辈的过奖和鼓励,但也是对我四十年创作生涯的肯定。

我在书的后记里写道:"我自知资质不过尚可,青年时代因客观原因又未受过正规系统的高等教育,可谓先天不足加后天失调。但为什么还能写出一点东西呢,我想除了自身还算努力外,答案是环境使然。我觉得非常幸运,能生活在有着深厚文化底蕴和浓郁戏剧氛围的浙江,有缘碰到一批好领导、好老师和好同行。"这话是发自内心的。因为不像其他文学样式如小说、诗歌，作家完全是个体劳动，戏剧和影视需要多个环节共同努力，缺一不可，否则不能取得成功。

再说回到这本书本身。当时我创作、改编的剧作有五六十部，演出、拍摄和发表的也有四十部之多，反复挑选后定了七部。其中越剧四部、话剧两部、瓯剧一部。越剧《荆钗记》是根据同名南戏改编的，演出后几乎囊括国内戏剧界的所有奖项，我本人也因此获得我国戏剧创作的最高奖曹禺戏剧文学奖。同时引发了有国内外影响的温州南戏新编剧目工程。首演的温州市越剧团已经演出五百多场，全国多个剧种、几十个剧团演出该剧，至今不衰。还有新加坡的剧团也曾演过。

越剧《浮生六记》取自沈复同名散文，把一篇没有多少情节的散文敷衍成需要激烈冲突的戏剧演出，我动了不少脑筋，最后效果不错。越剧《国色天香》取自《镜花缘》里的武则天心血来潮，诏令百花冬天开放的荒唐故事，演化出一个牡丹仙子不惧权势，坚守时序，为真理献身的美丽神话。舞台体现美轮美奂，由宁波小百花越剧团演出，入选了第六届中国艺术节。越剧《孔雀街新潮》是我1988年只身远行两万里，到中缅边界采访在那里创业的温州人后创作的，说的是改革开放大潮中温州人走遍天下，汉傣两族文化的碰撞与融合。在当时来说，绝对属于敢为人先，由浙江省越剧团演出，参加了第二届中国艺术节（华东分会场）演出。许多人觉得别开生面，但也有人觉得个体户当主角，立场有问题。现在看当然是笑话了，但当时还是有点压力的。话剧《光明行》是1982年我在上海戏剧学院编剧班学习的毕业作品，内容是当时刚刚兴起的青年个体户自谋出路、为国分忧的故事，当时有些人认为这是走资本主义道路，但大部分人认为是新生事物，热情肯定。该剧演出后，又由我本人改成电影《何处不风流》，成为温州历史上第一部反映温州人生活的电影。另一部话剧《女老板秘史》创作于1987年，由浙江省话剧团演出，同样引发了一些争论，幸好随着改革的发展，终于都得到了肯定。瓯剧《花谷惊魂》说的是灾难面前各异的人性与灵魂的搏斗。

该书出版后，由浙江剧协统一发送给全国各大高校图书馆，各大专业演出院团和著名剧作家评论家，后在新华书店公开发行。2003年我作为浙江省高级作家代表团一员访问美国，将该书和我的另一部《喂，菲亚特》一起赠送给美国耶鲁大学图书馆，还举行了简短但隆重的赠书仪式。

2015 年 2 月

徐宏图：《青楼集笺注》

汉王粲有诗云："城郭生榛棘，蹊径无所由。"我出生在温州平阳与文成两县交界的一道山沟沟里，抬头望岭，俯首眺溪，一出门就是羊肠小道，两边长满了丛生的榛棘。也许是走惯这种山间小路的缘故，后来做起学问来也就有点与众不同，喜欢另辟小径，深入民间作田野考察，收集一些闻所未闻的资料，出版的几部作品无论内容还是书名均有点冷僻，却并不感到孤独，以致被人说成"钻牛角尖"。试举部分书名，如戏曲类的《曲辞释补》《青楼集笺注》《南戏遗存考论》《浙江醒感戏》《浙江夫人戏》《绍兴救母记》《绍兴孟姜女》《东阳孔村目连戏》《衢州西安高腔》《浙江傩戏资料汇编》《浙江目连戏资料汇编》等；宗教类的《温州平阳东岳观道教音乐》《杭州抱朴道院道教音乐》《浙江磐安县树德堂道坛科仪本》《浙江上虞县灵堂斋坛科仪本》《浙江永康县道坛青词科仪本》《浙江苍南县正一道普度科范》（与薛成火先生合作）等；民俗类的《磐安仰头村的西方乐》《磐安深泽村的炼火仪式》《浙江民俗与戏曲》《平阳县苍南县传统民俗文化研究》等。合计三十多种，其中有十多本在台湾出版。如仅看这些书名，恐很难猜出其中的具体内容，它们有如山间路旁的榛棘，在一般人看来没多大价值，充其量只可作烧饭用的柴草，不屑一顾或遗弃，想不到还有人当作珍宝搜集。

上述例举的《曲辞释补》是我写的第一本书，约20万字，是在鳌江一中教书时完成的。那时我痴迷元曲，尤钟爱关汉卿的《窦娥冤》、王实甫的《西厢记》、马致远的《汉宫秋》、白朴的《梧桐雨》、纪君祥的《赵氏孤儿》等杂剧，教学之余夜以继日地研读明臧懋循选编的《元曲选》，又名《元人百种曲》，继而又读了近人编辑的《元曲选外编》及《新校元刊杂剧三十种》，合计160多种，是现存元杂剧剧本的总数。遇到的困难除体例外，主要是曲词特别费解，正如王季思先生比喻的"拦路虎"，他说自己校注《西厢五剧》时花在词语解释上的精力特别多。我归纳起来则有五难：一是风俗词语难懂，如"拜门""门画鸡儿"；二是兄弟民族及外来语难懂，如"撒敦""曳剌"；三是隐语、谚语难懂，如"杨柳细""三更枣"；四是方言土语多，如"杓徕""撒和"；五是虚语难解，如"落可便""生各支"等。

元曲是通俗文艺，不被正统文人所重，很少有人关注，可参考的工具书十分罕见，我见到的只有1949年以前出版的两种，即徐嘉瑞的《金元戏曲方言考》、张相的《诗词曲语辞汇释》，1949年后出版的一种，即朱居易的《元剧俗语方言例释》。这是远远不够用的，尚有很多词语得不到解释，更何况上述三种未免均存在误解或遗漏。为此，我在前人基础上，对遇到的疑难词语一一作了补证。后汇编成集，取名《曲词释补》。于1984年从鳌江一中调入浙江省文化厅艺术研究所不久，即通过友人送交浙江出版总局一位副总编，申请评审与出版。那年头出书比较正规，没有买卖书号，要经过严格评审与征订方准出版。书稿评审得以通过，唯征订未达三千最低额而被刷了下来。不久，顾学颉与王学奇合作的多卷本《元曲释词》陆续出版，收词三千多条，相当完备。我只好将书稿拆成单篇论文的形式先后发表于《浙江学刊》《戏曲研究》《中华戏曲》《古典文学知识》

等杂志。

我出版的第一本书是《青楼集笺注》，是在王季思先生的点拨与指导下完成的。初稿也是在鳌江一中起草的。其内容与上述《曲辞释补》相关联，只不过前者是有关元杂剧曲词，后者是有关元杂剧演员的伎艺，都没有超出"元曲"范围。

《青楼集》是元夏庭芝撰写的有关元代150多位戏曲演员，主要是女演员的身世与技艺，除杂剧演员外，还涉及南戏演员，殊为难得。我读后，深为她们的精湛伎艺与才情所折服，同时也为她们卑下的地位与悲惨命运而感伤。她们中的多数人，最后不得不走向"色艺两绝"，或"削发为尼"，或"毁容拒嫁"，以至"郁郁而卒""憔悴而死"，何等可惜！于是我写了篇论文《精湛的伎艺，悲惨的命运——读〈青楼集〉》，请中国艺术研究院的孙崇涛先生转寄给元曲研究大家、中山大学王季思教授。王先生很快就复信说："来信并徐君读《青楼集》稿俱收。《青楼集》是值得研究的，徐君于教学之暇为此搜集不少资料，联系原著，有所论述，很不容易。他从原著中概括出这些艺人伎艺的精湛与命运的悲惨，是抓住了要点的。问题在……能够提到我们今天的历史科学与文艺理论的高度加以说明之处却很少。此意望转告徐君，希望他在原稿基础上再作认真的修改。"又附另纸提出建议："就徐君目前基础说，似可就《青楼集》所载女艺人，把有关她们的资料按名次集中起来，有所说明或考释，这些容易做到，对研究元剧的同志也有用。"

王先生的话使我茅塞顿开，决心按王先生与孙先生的意见并与孙先生合作重新布局编排，撰写一本《青楼集笺注》。虽然《青楼集》篇幅很短，只有一卷，正文仅六七千字，记述比较简略，但它所记述的部分艺人和涉及的某些戏曲作家、散曲作家、诗人及"名公士夫"，却在别的一些元明史籍、文集、笔记等著作里，还可以找到相关的记载或旁证材料。这就为我给本书作进一步的补证、笺释、注解，提供了有利条件。

《青楼集笺注》的内容重点之一，就是做了这方面的补证、笺释、注解工作，希望为读者和研究者进一步考索、研究《青楼集》提供参考。其中"笺释"的重点，是针对整条标目内容，或题解，或校正，或释义，或补充有关记载，或附识旁证材料，略仿古人笺《毛诗》，"表明毛意，记识其事"之意。"校注"则是对个别正文词句、文字的诠释和校勘。

　　本书由我起草，经孙先生改定，于 1990 年由中国戏剧出版社出版。

2015 年 3 月

姜竺卿：《温州地理》

温州地理

人文地理分册·下

姜竺卿 著

上海三联书店

我的《温州地理》一书终于在春节后由上海三联书店出版发行，内心充满"金榜题名时"的喜悦。

　　《温州地理》共三册十四章，140万字，第一册是温州自然地理，第二、三册是温州人文地理。温州自然地理包含温州地质、地形、气候、水文、土壤地理、植物地理、动物地理七章，共计54万字。温州人文地理包含温州政区地理、历史地理、经济地理、人口地理、城市地理、文化地理、旅游地理七章，共计87万字。

　　我从现代地理学专业角度阐述温州的自然地理与人文地理，并从全省、全国乃至世界的角度来审视温州的自然、经济与社会。全书运用大量与外地区的对比材料，让读者领略温州区域地理环境的优越性与缺憾性。

著名历史地理学家、浙江大学终身教授陈桥驿生前为本书作序，称"这是一部区域地理和城市地理的皇皇巨构和佼佼杰作"。"几十年来，竺卿君读万卷书，行万里路，一方面不分昼夜，无论寒暑，查资料，翻档案，钩玄提要，细大不捐，把冷板凳坐穿。另一方面沐风栉雨，实地踏勘，名山必探其幽，江河必溯其源，访乡贤，拜耆宿，夺讹正误，有得必录。由于涓流山积，终有今朝皇皇巨著《温州地理》的付梓杀青。""竺卿君是位功力深湛且接地气的学者，长年寝馈乡土地理，潜心于索隐探赜，旁搜远绍，故其述事则条分缕析，立论则精辟允当，学、识、才均胜人一筹。该巨著体大思精，称为精品，实当之无愧矣！"

1973年，我大学一毕业就着手温州乡土地理研究，并长期致力于撰写《温州地理》。至1998年完成80万字的手稿，然后学会电脑打字和绘图，经过不断的增补修改，终于完成大愿。

四十多年来，我在写作过程中始终坚持"跑野外"这一座右铭。1980年由于车祸摔成颈椎骨折，我拖着病腿跑遍了温州全境的山山水水和城镇村落。每逢气候宜人时节，我总会跑几条剖面线路，从永嘉四海山至泰顺乌岩岭，从景宁飞云江源头至瑞安上望浦新陡门河口，从乐清湾顶的大荆盛家塘岛至平阳的南麂列岛，都留下了我的野外足迹。例如为摸清洞头的温州话与闽南话的犬牙交错分布，我跑遍了洞头列岛的每一个行政村和自然村。洞头霓南下郎村的上郎自然村和郎背自然村讲温州话，下郎自然村讲闽南话；郎等村的郎等自然村讲温州话，内东郎自然村和外东郎自然村讲闽南话。状元岙岛的状元岙村、活水潭村、沙岗村、深门村、小北岙村讲温州话，沙角村和花岗村讲闽南话，状元岙村的状北自然村和小北岙村的部分居民也讲闽南话。在洞头温州话流行区域，霓屿岛讲永强话，大门岛、小门岛和鹿西岛讲北白象话，而大三盘岛、状元岙岛和屿仔方言岛讲黄华话。

由于地理学科在中学属于文科，在大学属于理科，而我所教的数万文科学生中没有一个读大学地理的，所以我没有一个徒弟，跑野外只能单身独行。但我有两样武器，摩托车和折叠式拐杖。摩托车能驰行在山村小路，通达于汽车不能到达的荒村僻壤。拐杖能助我爬坡登顶，累了还可策杖而行。楠溪麦饼是我喜欢的美食，作为野外干粮，最多一次能带上三个，可以连续走三天的路。就这样在家坐冷板凳，在外啃麦饼，写完了我的三本书。

写过书的人都知道坐冷板凳是啥滋味，当你思路展开的时候欲罢不能，往往夜以当日，长期以来形成凌晨三点入睡的坏习惯。更有甚者，常年长时间坐读坐写，导致下肢静脉血流不畅，双脚浮肿，出现褐斑。

四十年来一步一个脚印，冀盼夙愿以偿，总希望该书的出版能成为"了解温州地理第一书"，并以我一人四十年之拼搏与多位历史学者六年铸就的《温州通史》相媲美。

2015 年 4 月

孙崇涛：《连环记·金印记》

卢礼阳先生来信，约我给《温州读书报》"我的第一本书"栏目写稿。我踌躇再三，不知该写哪本才好。按时间先后，我的所谓"第一本书"是跟他人之作"合册"出版的中华书局"明清传奇丛刊"《连环记·金印记》之后一种，写于1982年，出版于1988年，它只能算"半本书"，或可称作"第一种书"。

全书仅12万字，拙撰占三分之二，也才八万来字，而且大多还是古人剧本原文，自己写的只有前言、校记加标点。拿这种篇幅至短文字少得可怜的半本书说事，在习惯以写书数量多少书本厚薄如何度量自己和他人"成就"大小的人看来，有点滑稽可笑。可对我来说，"专业"工作正是从这半本书起步，它使我受益无穷。我日后学术道路走得比较顺畅，跟这半本书起步大有关系。说来还很有些经历和话题。

1981 年底，我从中国艺术研究院首届研究生班毕业，留院分配戏曲研究所。研究所负责业务工作的副所长俞琳先生，自己的研究工作做得并不怎么样，对所的业务布局却独具只眼。这时他正在筹划建立一个新的研究室——戏曲文献研究室，就把我们几个刚分配到所的戏曲史专业毕业生一股脑儿挪到一起，组成了这个文献室。当时我有点想不通，明明搞史的研究，怎么就"改行"搞文献了，岂不成了所里的"资料员"？但脚下的路自己走，文献室就文献室，今后的路各自瞧着走。

俞琳安排文献室开张头一件事，是联系中华书局，磋商编选出版"明清传奇选刊"，拟定 100 种代表性传奇名目与版本，加以整理校勘出版。翌年开春上班，俞琳率全室同事去当时还在王府井的中华书局，跟程毅中、许逸民等几位骨干商谈编选出版事宜。商谈中，程毅中坦言：我们出版社不比你们研究院，清高不起来，出版图书不能不计较经济效益。在经济大潮方兴的八十年代初，连财大气粗的中华书局也已感受到市场的压力。

出版专业图书本来就难，又讲经济效益，更是难上加难。当年一些皓首穷经孜孜矻矻著书立说的老先生，写成的著作没有出书门路，也无"自费出书"之说，只好长年藏之敝箧。不像今天，只要肯掏钱，谁都可以出书。身居大学文化部门的，这个"项目"那个"计划"、这个"集成"那个"工程"围着你转，想不写书出书都难。

我们把这次写作百年老字号中华书局约定的书，看得无比神圣，决心要做得格外认真精细。整理、校勘古代剧本，搁在今天，马虎交差，一两周即可搞定，而当时我为做好《金印记》，竟前前后后忙活了一年。1983年2月交稿，在中华书局排队等待三审和印制长达六年。从接受任务到正式出版，整个过程接近"八年抗战"。出书之难，可以想见。

在"八年抗战"的煎熬等待中，我没有荒废。围绕着《金印记》的整理与校勘工作，在前期准备、写作过程直至交稿等候的漫长日子里，我遍访京城各大图书馆，寻找、研读一切能够找到的各种《金印记》材料，包括刊本、抄本、台本、全本、折子、残支、逸曲、曲谱、评论等，一一细加比较，反复揣摩，从中发现了许多意想不到的问题。其中不光是有关《金印记》的，还有涉及整个中国戏曲历史研究中长期被人忽略、误解、曲解的问题。

以《金印记》而言，我在北京图书馆（今国家图书馆）善本室内读到了郑振铎旧藏明万历金陵继志斋刊《重校苏季子金印记》。这种所有戏曲史论著都不见提到的刊本，使我眼前一亮，找到了吕天成《曲品》评《金印》所言"今有张仪而改名《纵横》者，稍失其旧矣"的例证，令《金印记》从南戏到传奇的演化轨迹豁然明朗。我便在《光明日报》1983 年 8 月 23 日"文学遗产"第 600 期纪念专号上，发表了《读继志斋本〈金印记〉》一文，评介了该刊本的重要价值。接着，我又根据遍读各类《金印记》材料积累的认识，写成长篇论文《〈金印记〉的演化》，次年发表于社科院文学所《文学遗产》季刊第 3 期，主旨是"从一种题材角度去剖视我国戏曲发展过程中戏曲文学作品的嬗变规律"。由于两种报刊都是国内顶尖级别，使拙文在中国古典文学与古代戏曲研究界均产生了一定影响。

这些都源于我做第一种书《金印记》校勘的认真与精细，深感全面掌握、细心钻研原始文献的重要。许多问题的发现与突破，正是在这种认真与精细中孕育产生的，研究的"持续发展"也是在这种认真与精细中实现的。研究与写作的对象未必越大越多就越好，螺蛳壳里可以做道场，单一的小对象同样可以做成大文章、好文章。这就是业师夏承焘先生曾经告诫的"选题要严，开掘要深"的真谛，也是俞琳先生的眼光独到之处。

"道场"可以持续做下去，做得更多更大更久。继第一种书后，我在校录、研究出土明成化本《白兔记》（未发表）的基础上，在《文史》《音乐研究》《戏曲研究》等重要学术刊物上发表了系列研究论文；在与中山大学黄仕忠合作《风月锦囊笺校》的同时，著述、出版了《风月锦囊考释》专书；还在指导先前学生徐宏图并与之合作《青楼集笺注》基础上，合著了《戏曲优伶史》。以上著作的写作流程，都跟我做第一种书的情况相仿，都是从基础文献的整理、校勘、笺注入手，参阅、研究大量相关资料完成的。通过长年的文献整理、研究和著述，我慢慢形成了有关中国戏曲学的重要见解，在学术界产生较广泛影响的至少有以下两方面：

一是影响中国戏曲学的格局改变。长期以来，都把戏曲学归于"史""论"两大主要板块。"史"谓戏曲历史研究，"论"谓戏曲理论探讨，并称两者关系为"论从史出"。三四十年来，中国艺术研究院确立课题、设置课程、培养戏曲研究人才等，基本都按照这一史一论、先史后论的模式进行。我的研究和教学实践使我发现了这种模式的弊端。一些研究生临近毕业，还确定不了学位论文选题；做完毕业论文后，也不知今后该做什么研究才好。究其原因，就是这种既定戏曲学格局造成的，它缺少了一个极为重要甚至应置于首位的环节，就是文献研究。完整而科学的中国戏曲学，应该由戏曲文献学、史学、理论构成；三者的关系是"论从史出，史从文献出"；舍弃了对文献的全面掌握和深入考释，任何研究都将成为空中楼阁。这促使我尝试去建立戏曲文献学体系。为此，我努力了十多年，招收的研究生，试卷、课程、考试及专业实习等，都把文献学纳作首位。十多年的研究和教学积累，让我写成我国首部《戏曲文献学》。此书曾获国家图书出版最高奖项中国出版政府提名奖，成为一些高校戏曲学研究生教科书或参考书。如今，戏曲文献学研究和教学已成有识之士的共识。我还把"道场"搬进美国名校伯克利，在我担任该校客座教授期间，开设戏曲文献学博士生主课，要求学生在研究中国某种原始戏曲文献的基础上完成学年论文，弄得习惯读外文剧本、写外语论文的洋学生叫苦不迭，而最后的获益使他们对我的"苛求"深表感激。

二是影响中国戏曲史学传统框架的补正。中国戏曲史学通常的结构模式是：金元杂剧——宋元南戏——明清传奇——近现代地方戏。从《金印记》校勘发轫，我多年坚持研究明代戏曲文献，阅读陆续发现和国外回传的新文献，发现上述戏曲史学结构框架存在一大罅漏。明传奇的真正确立是在接近晚明的万历年间，在宋元南戏与明清传奇之间，还有一段长达两百多年之久的中国南剧历史段落被我们的戏曲史学界忽略了。于是我提出研究和补写这段历史，将它定名为"明人改本戏文"阶段，先后在台湾"中央研究院"国际会议文集和大陆《文学遗产》季刊发表《明人改本戏文通论》，获得学界同人的广泛认同，之后被写进各种戏曲史论著作，使中国戏曲史学的结构框架得以补正。

上述种种，追本溯源，竟都源于我的这第一种书——那只小得可怜的"田螺壳"。

2015 年 4 月 20 日于北京

林坚强：《股份经济实用知识》

股份经济实用知识

林坚强　苏方申

近日，翻看往年旧作——《股份经济实用知识》《股份企业》《中国社会主义建设理论与实践》《论语温州》《钱生钱的密码》《温州民间借贷风暴》《郭心崧传》等，顿觉时间过得真快。我的处女作《劳动市场与温州的实践》于 1986 年刊登在中国《经济学周报》上。我的第一本书《股份经济实用知识》是在 1988 年撰写的，由温州大学内部发行，时任温州市委书记董朝才为此书作序。

随着时光的流逝，尽管其稿其书显得陈旧，纸张已经泛黄，却见证了一位学人独立思考、大胆表达的求真精神和经济发展的前瞻。

20 世纪八十年代，改革开放政策实施伊始，中国正"摸着石头过河"，温州人是这条历史长河中的"弄潮儿"，走在改革开放的前沿，成为改革开放的先驱。他们不仅从实践上冲破传统体制对生产力的束缚，走出了市场经济的新路子，而且为理论创新开辟了新天地。我正当而立之年，改革浪潮迎面扑来，感染着我的情绪，撞击着我的思想。当时计划经济的理论体系在学术界依然占据主导地位，我甚至还要承担宣讲计划经济理论的任务。

对热火朝天的改革实践，是蜷缩在象牙塔里照本宣科，"独善其身"，还是投身到火热的现实中，与温州人民"并肩作战"，这在当时是一个非常严肃的问题。和敢于闯天下的温州人一样，朴素的求真精神给了我认识真理的信念和勇气。1986年初，我随省调研组赴乐清等地调研，从温州实践出发，大胆提出劳动力作为经济运行主体在全国开放势在必行。这是在商品经济条件下，达到劳动力在各部门、各行业、各单位合理配置的重要途径。至于劳动力是否属于商品，我认为应该从概念上的争论转到对现实问题的研究，只要能促进社会生产力迅速发展，人们生活更快地富裕，即使劳动力是商品也未必不可。因为，劳动力不等于劳动者，劳动者既是经济人，又是政治人、社会人，而劳动力成为商品，仅仅是劳动者作为经济人的一个方面，并没有影响每个劳动者在政治上的平等。当时，对劳动力市场观点争议很大，直至 1993 年党的十四届三中全会通过了《中共中央关于建立社会主义市场经济若干问题的决定》。

1988 年我最先撰写了《股份经济实用知识》一书。与许许多多的研究者一起，为"温州模式"正名及提升贡献了自己的思想火花。时任温州市委书记董朝才在序中指出："这本书集理论性、知识性、实践性于一体。从理论角度阐述了发展股份经济的必要性；从知识角度系统介绍了股份经济的基本知识；从实践角度分析和提出股份经济在温州实践中的问题和对策。这对于探索和发展社会主义股份经济有一定的现实意义和参考价值"。

当时，股份制、股票等在中国都是新生事物，许多人既关心又茫然。一些国营、集体企业想进行股份制改革，建立现代企业制度，但不知从何处着手策划；个别市民想参与股票债券投资，快速发财，而又不了解股票为何物；经济综合部门对股份经济也很陌生，又担心走偏"路子"，不敢大胆放开实验。《股份经济实用知识》一书的问世，从理论和实践上阐述了股份经济产生和发展的必然性及作用，初步诠释了国内外有关股份经济的条例和基础知识，显得特别有意义。

二十七年过去了，股份制已成为现代企业制度的最佳组织形式，得到蓬勃发展，上市公司从无到有，从小到大，并在实践中进一步显示出它的活力和生机。股票市场从试点到全面扩展，成为人们现代理财方式之一。就股票交易来说，股市是一个高智商的竞技平台，是一所没有围墙的财经大学。它可以创造神话，也可以终结神话，它可以放大梦想，也可以葬送梦想。对于一般投资者，应熟悉股市的生存法则，特别是在我国很不成熟的股市中，更需要理性对待，量力而行，切忌盲目跟风。18 世纪初，伟大的牛顿在股市中遭受挫败后，深有感触地说："我可以计算天体运行的轨道，却无法计算人性的疯狂。"

往日旧作，勾起了我的回忆，感悟至深，聊上几句，与读者共勉。多读书，读好书，以朴素的求真精神，写好人生这本"书"。

2015 年 4 月 27 日

温端政：《歇后语》《谚语》

1985 年 7 月，商务印书馆同时出版了我撰写的《歇后语》《谚语》二书。出了中文版后，又出日文版。这两本书是"汉语知识丛书"第一批八种中的两本，其他六种有著名学者朱德熙先生的《语法答问》、李荣先生的《文字问题》。我的书，居然能和他们的著作列在一起，这是我做梦也没有想到的。

商务印书馆为什么约我写书

　　《歇后语》《谚语》二书是我应商务印书馆的约请撰写的。当时我刚从一个"下放干部"调到山西省社会科学研究所（今山西省社会科学院前身）不久，在学术上没有什么建树，他们怎么会约我写书呢？这里有一个故事。

1978 年 7 月，我从下放的运城县（今运城市）调到正在筹备的山西省社会科学研究所，组织上让我筹建语言研究室，同时筹建山西省语言学会。当时，我们的主攻方向是山西方言的调查研究。可是我对歇后语的收集、整理和研究仍情有独钟。

早在 1958 年 7 月从北京大学中文系毕业分配到山西省忻县师范专科学校（今忻州师院前身），我在教学之余调查忻县方言时，就发现忻县方言有大量的歇后语，于是就开始注意收集。"文革"中，所收集的资料遗失殆尽。调到山西省社会科学研究所后又有机会从事语言研究，重新燃起我对歇后语的兴趣。于是，联合两位同仁，阅读了从明清白话小说《西游记》《红楼梦》《儒林外史》《镜花缘》到现代小说《暴风骤雨》《保卫延安》《野火春风斗古城》等 520 多部文艺作品，精选 4893 条歇后语，编成《歇后语例释》一书。先是在《语文研究》创刊号（1980 年 6 月）上选登了其中的 12 条，后又印制成上下两册，广为征求意见。

大家希望能正式出版，于是把书稿投到山西人民出版社。山西人民出版社的一位副总编，审阅后提出一个问题，他认为像"阎王爷贴告示——鬼话连篇"一类条目是宣扬封建迷信；像"大姑娘上轿——头一回"一类条目是宣扬"四旧"，统统得删去。我们不接受这个观点，把书稿转投给商务印书馆。经过几个月的审读，他们答复说同意出版。不过他们此前已经接受北京语言学院几位先生编写的同类书稿，书名也叫《歇后语例释》。商务印书馆汉语工具书编辑室主任郭良夫先生告诉我，他们比较看好我们的书稿，让我把两本书稿合成一本，以我们的书稿为主，由我担任主编。

我接受任务后，发现两部书稿由于作者对歇后语性质的理解不同，释义就很不相同，很难合在一起。于是我向郭良夫先生提出请求：我们的书稿退出，请他们出版北京语言学院几位先生编的。这个请求得到郭先生的理解。我们从商务印书馆退出后，书稿被北京出版社接受，改名为《歇后语词典》，于1984年2月出版。

经过这件事，郭先生才认识我。

记不清是1981年的哪一天，他约我见面，说他们要推出雅俗共赏的语文知识性读物"语文知识丛书"。这套丛书要求既有一般的汉语知识介绍，又有语言学方面的科研成果；既要体现学术性，又要兼顾通俗性。这套丛书中有一本书，书名暂定《谚语·歇后语》，篇幅不超过 10 万字，希望我能承担。

一本变两本

我听了郭先生的话后，又高兴又担心。高兴的是居然有机会在商务印书馆出书，担心的是自己的专业水平不够，没把握写出来能达到出版要求。但是，机会难得，我决心一搏。经过一段时间的思考，我向郭先生提出，把谚语和歇后语合在一起不好写，是不是可以各写一本。郭先生同意了我的建议，于是一本就变成了两本。

我对歇后语比较熟悉，不仅参与《歇后语词典》的编写，还撰写了几篇论文，其中包括《关于"歇后语"的名称问题》(《语文研究》1980 年第 1 辑)、《引注语（歇后语）的名称和性质》(《晋阳学刊》1980 年第 1 期)、《引注语（歇后语）的来源》(《晋阳学刊》1980 年第 3 期)、《试谈引注结构》(《语文研究》1981 年第 2 辑)、《歇后语的语义》(《中国语文》1981 年第 6 期)等。我以这些文章的基本观点为立论基础，加上选用

《歇后语词典》里的语料，很快完成《歇后语》一书的初稿。全书分为七章，我把第一章"歇后语的名称和性质"、第二章"歇后语的来源"先寄给商务印书馆汉语工具书编辑室审阅。在第一章里，我认为"歇后语"这个名称其实"名不副实"，提出"所谓歇后语，其实并不'歇后'，也不能都'歇后'"的论断。第一次给歇后语下了明确的定义：歇后语是汉语中由含有引注关系的两个部分组成的、结构相对固定的、具有口语特色的熟语。

1982 年 4 月 20 日，商务印书馆责任编辑潘逊皋先生给我来信，称："寄来的《歇后语》稿第一、二两章已经看完，深感阁下精于鉴析语言，辨察名实，故能剖析歇后语的定名、来源，条分缕析，言之娓娓。第一章写得理周词畅，意趣横生，淋漓尽致；第二章亦持之有故，言之成理。望继此两章，百尺竿头，更进一步，以完成以后各章，书成必能惠及社会。"

这段评语给了我很大鼓舞，增加了我的自信。我针对信里所提出的一些具体意见，抓紧修改。把全稿近 8 万字寄给商务印书馆。商务印书馆汉语工具书编辑室审阅后，于 1982 年 9 月 23 日给我来信，认为书稿"大体上"可用，并提出两个具体意见：一是谈歇后语的语法功能中，对单句、复句的划分前后要一致；二是说"歇后语……具有鲜明的阶级性"的提法不妥，应加以改正。信中还说，我原稿后面附有"例句来源书目"，曾被他们删去，后来考虑该书要译成日文，应日方要求予以恢复，这给我添了一些麻烦，向我表示"歉意"。最后，要求我尽快修改，把定稿寄去。

完成《歇后语》后，紧接着撰写《谚语》。我对谚语研究不像对歇后语研究那样有基础。一是资料的收集要从头做起，二是观点的提炼需要认真思考。我夜以继日地阅读了一些明清小说和现当代小说，从中收集谚语资料；还阅读了前人撰写的有关谚语的论著，从中吸取理论滋养。也按照《歇后语》一书的体例，分为七章。在第一章"谚语的名称和性质"里，提出"如果广义的谚语相当于俗语，那么，从根本上说，狭义的谚语可以看成是以传授知识为目的的俗语"的论断，指出："内容上是否具有知识性，是否以传授知识为目的，这是谚语区别于其他俗语的关键所在。"

在《歇后语》一书里，我单写了"歇后语的语义"一章，填补了歇后语研究的一个空白。在《谚语》一书里，我也把"谚语的语义"列为专章。同仁认为富有新意，提前在《中国语文》1984 年第 4 期上发表。这篇文章和《中国语文》1981 年第 6 期发表的《歇后语的语义》，都收入《二十世纪现代汉语词汇论文精选》（周荐编，商务印书馆，2004）。

《谚语》一书完成后，我根据收集到的谚语资料编成《汉语谚语小词典》，1989 年 7 月由商务印书馆出版，郭良夫先生写了序言。

这两本书影响了我的学术道路

《歇后语》和《谚语》出版后，得到学术界的好评。《歇后语》第一次就印了 13 万 1 千册，《谚语》第一次也印了 11 万 6 千册。后来又都再版重印。先后由日本学者译成日文，分别于 1989 年 5 月、1991 年 9 月由株式会社光生馆在东京出版。这使我感到俗语研究不仅有助于弘扬中华民族的传统文化，还有助于国际学术交流。这极大地鼓舞我继续从事汉语俗语研究的决心。

那时，我还在职，只能以山西方言调查研究为主攻方向，而把俗语研究放在第二位，仅主编了《中国俗语大辞典》（上海辞书出版社，1989）和《古今俗语集成》（山西人民出版社，1989）。1993 年退休后，才倒过来，改为以俗语研究为主，主编了《汉语常用语词典》（上海辞书出版社，1996）和《中国歇后语辞典》（上海辞书出版社，2002），参与主编《谚海》（语文出版社，1999），并编纂《忻州方言俗语大辞典》（上海辞书出版社，2002），合作撰写《二十世纪的汉语俗语研究》（书海出版社，2002）。

进入新世纪，则全力从事俗语研究，并把研究领域扩大到包括成语在内的汉语语汇和语典编纂研究，主编了一系列相关辞书。

在编纂辞书的同时，也加强了理论研究。《汉语语汇学》（商务印书馆，2005）和作为高等学校教学用书的《汉语语汇学教程》（主编，商务印书馆，2006）的出版，被认为汉语语汇学作为语言学的一门分支学科开始建立。后又出版《汉语语汇研究史》（合作，商务印书馆，2009）、《语典编纂的理论与实践》（合作，商务印书馆，2014）等，扩大了理论研究的成果。

2015 年 4 月 27 日

郑巨欣：《世界服装史》

我的第一本书是《世界服装史》，2000 年 7 月由浙江摄影出版社出版。那时，我在中国美术学院工作刚满十个年头。2001 年，该书获浙江省高校教学科研成果二等奖。毛建波先生在书评中写道："郑巨欣《世界服装史》的出版标志着中国学者由'修'到'破'的艰辛努力和成功，或许正因为此，包铭新先生认为郑著'应该可以代表我国服装史学界的新成果'。"

《世界服装史》是一本专著，对于当时的我来说，是第一次对世界服装史所做的系统阐述。第一次，对于任何人来说，都有着特别的纪念意义。但是，"第一次"不只个体的专属，假如我们将"第一次"放到社会共同体当中，那个"第一次"就不是自己的"第一次"了。自己第一次实现梦寐以求的事，往往会特别在意，而当他人看到你的第一次成功时，就得看这个"他人"是谁了，因为每一个人的视野是不同的，价值标准也不一样。所以出版著作时，必须考虑他人的阅读感受，在撰写著作时，也应该基于这样的认识去完成。

对于既要从自己，又要从他人的角度，去看待自己的第一本专著这件事，我也是通过出版《世界服装史》这本书学会的。《世界服装史》2000年初版，2001年就再版了，这在专门史著作中并不多见。原因之一是服装史著作在二十年前的中国还非常稀缺。虽然中国服装史方面尚有沈从文先生的《中国古代服饰研究》、周锡保先生的《中国古代服饰史》等扛鼎之作，但是外国服装史方面，除了已有的二三本翻译或编译著作外，由中国人独立完成的专著还是空白。所以，我的这本《世界服装史》会引起一些关注是自然而然的事。另外一个原因，则与责任编辑担心市场销路不好有关。第一版只印了2500本，所以数量不多也是这本书很快告罄的原因。自从《世界服装史》第一版面市后，国内不少院校将此书指定为专门教材。作为教材用书，最初的这个印数肯定是不够的，所以第二版又印了5000册。事实上，即使是7500册这个数量，仍满足不了市场需要。因此在

《世界服装史》出版的第四年，出版社打算印刷第三版，并希望征得我的同意，可这时却被我婉言谢绝了。

作者拒绝再版自己的著作，这件事让很多人听起来有些难以理解，出版社也觉得十分遗憾。但我自己心里是这样想的：一是《世界服装史》自 2000 年初版到 2004 年，已经过去了整整四年，我在四年中陆续发现书中存在不少需要进一步调整的地方；二是我在 2004 年有一个法国研修安排，刚好借机从国外收集一手资料，有助于补充和完善《世界服装史》。法国回来后，我开始了修订计划，而且颇有把握能写得更好一些。恰好在 2006 年我的《世界服装史》又被列入教育部"十一五"规划国家级修订教材项目，可谓万事俱备只欠东风。不料我此后的绝大部分时间，都被繁杂的行政工作占据，而且新的约稿又接连不断，结果，重写《世界服装史》的计划便成了一个遥遥无期的心愿。

不过，十五年前完成《世界服装史》的情形，依然历历在目。毕竟我在写这本书时，已经尽了自己最大的努力。因为我除了在书中采用服装起源（从遥远的过去到现代原始部落）、衣料绕体（从文明古国到古罗马末期）、缝衫制袍（从早期基督教时代到哥特时代）、箍裙束腰（从文艺复兴到 19 世纪 60 年代）、仰望时装（从 19 世纪后期到 1914 年）、走向多元（从 1914 年到 20 世纪末）共六章搭建起世界服装史的新框架，完成了包括插图在内的四十余万字的内容外，特别值得怀念的是，我还自己动手设计了包括封面、扉页、版式在内的整个书帧，甚至书中的部分线描插图也是我亲手画的。假如换到现在，那样的亲力亲为，几乎是不可能了。

总之，我从自己的第一本书里收获的，远不止出版一本书本身所给予我的东西。现在重提此事，倒是让我想起冈仓天心在《茶之书》中说过的一句话："本质上，茶道是一种对'残缺'的崇拜，是在我们都明白不可能完美的生命中，为了成就可能的完美，所进行的温柔试探。"

著书立说，又何尝不像是在饮茶问道？

2015 年 10 月

胡念望：《风景这边独好》

■胡念望　编著

风景这边独好

国家级风景名胜区揽美注

NAN XI JIANG

中国经济出版社

苦是一种常在的状态，取决于我们以何种视角去看待。出旅游方面的书不是一件轻松简单的事，当然也不是一件令人痛苦的事。

1992 年进入旅游行业后，我便开始了一边工作一边学习、一边思考一边写作的旅程。当时写作的目的是为了有一天能参加县"两办"秘书录用考试，从而能调离山区。

开始在景区工作，所思所想所悟都是与景区有关的事，白天进村入户调研，晚上整理楠溪江古村落资料，也写一点随笔。1993 年 4 月，撰写的第一篇文章《悠悠楠溪舴艋舟》在《旅游文化报》发表，后又刊载于1994 年《风景名胜》杂志。手写的文字变成铅字，对我是莫大的激励。随后，《芙蓉古村司马宅》《灵运诗情系楠溪》《言行君子动天地》《楠溪江美在滩林》等文连续在《温州日报》《风景名胜》等报刊发表。1994年11月借用到永嘉电台工作后,我将自己有关楠溪江的文章整理成《楠溪江揽胜》小册子,作为楠溪江风景旅游部门的内部参考资料。在永嘉电台担任记者、编辑的六个月中,我的文字水平潜滋暗长,发表的文章也逐渐增多。

1995年6月到永嘉县政府办公室秘书科工作后,我利用工余时间继续撰写楠溪江方面的文字,并将1996年3月至1997年1月发表的文章结集成册,初定名为《永嘉溪山》,拟交出版社。我专程将打印稿送到温州请一位先生批改——他曾在《温州日报》周末专刊担任编辑,是我很多文章的第一读者——并请他拨冗作序。这位先生欣然答应,认真批阅了书稿,提出了修改意见,撰写了题为《一方人养一方水土》的代序,并建言将书名改为《楠溪江:梦也梦不到的境界》。后来我又请作家戈悟觉写一篇他自己与楠溪江相关的文章作为代序。戈悟觉先生撰写了《一个叫鲤溪的地方》,文章最后一句是"永嘉溪山,我永远的童年"。几年后,戈老师坦言,当时未能用心为我的书写序,还专门向我表示歉意。与此同时，同学林双双说自己的祖父是山水画家林曦明，主动要求他祖父为我的书题写书名，并提供用于封面的山水画作品。林老先生建议我将书名改为《楠溪江：风景这边独好》，并欣然命笔。由于我当时对书画作品没有多大兴趣，于是只要了他山水画的反底片。

万事具备，接下来就是寻找出版社了。在时任永嘉粮食局局长吴青峰的引荐下，我联系上中国经济出版社，谈妥出版事宜，出版社要求印刷厂必须具备省级新闻出版部门认定的资质，于是我便拿着出版社的合同找到温州负责新闻出版工作的单位，被告知没有办理过类似手续，一位工作人员表示可以收 3000 元代办。后通过吴青峰的好友鲍伋引荐，我找了温州南方印务有限公司副总经理池如镜，将书稿电子版及出版社出具的一式四份合同书交给他，他帮忙办妥了手续，并仔细吩咐排印室按照出版社要求排版我的书稿，同时邀请民盟温州市委曹强先生设计封面。

就这样，在众多师友们的支持帮助下，1998 年 6 月，《楠溪江：风景这边独好》（印数 5500 册）上市，受到了各方面的关注和好评。当然，也有心怀叵测者在背后打我的小报告，说我出书拉赞助。后来，我向找我谈话的领导坦言：当时曾有不少机关单位与乡镇负责人表示，将给予一定额度的经费支持，但由于没办法解决正式发票，因此没有拿到赞助费。当然，此书受到的好评与关注也是我始料不及的。1998 年 7 月，原中宣部部长朱厚泽翻阅之后，欣然在扉页上题词"好山好水好风光　题谢念望同志"。原永嘉县委书记徐令义题赠"楠溪江恩赐人们美丽的天然野趣，保护与开发楠溪江是我们的历史责任"。

出书的过程虽然艰辛，却也可以体味探求的乐趣。1999 年，我应浙江摄影出版社约请撰写并出版了《芙蓉苍坡以及楠溪江畔的其他村落》；应中国旅游出版社约请撰写并出版了《中国秘境之旅楠溪江》《楠溪江导游词》；应福建美术出版社约请，参与编撰《楠溪江宗族村落》一书等。

我虽一直未能深窥文字的堂奥，未能迈进文学的圣殿，却也多少收获了笔耕的乐趣。因此，我对旅游开始由喜欢而热爱、由热爱而狂爱，终至于选择投身旅游行业而不能自拔。我对旅游业的认识也由开始的模糊与探求，到后来的熟识与感悟，乃至于如今清醒的认知、合理的扬弃与独到的见解。如果说我在这方面还取得了一些成果的话，未尝不得益于我这第一本书的撰写与出版。

2015 年 7 月

倪蓉棣：《怪手》

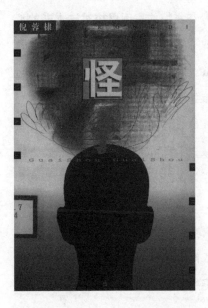

我的第一本书是短篇小说集《怪手》，1999 年 8 月由上海文艺出版社出版。《怪手》给我带来了诸多好处。

　　一次出差，我躲在宾馆的房间里校对这本书的清样，让市委书记发现了。书记睁大眼睛，盯着我看，脸上写满了吃惊和羡慕。他也是写手，从此我成了他不可轻视的对手。我当市委办公室主任，分管文字，平时写公文最大的"敌人"是书记的强势。书记高看我，让我三分，这在精神上减少了我和同事们的许多烦恼。《怪手》出版后，市文联为我造势，在文昌阁举行首发式和创作研讨会。那天，人高马大的市长就坐在会场第一排，他死活不上主席台，听得很认真，一副谦恭的模样。市长与书记在工作上意见分歧较大，他们在市四套班子成员会议和书记办公会议上时有争论，有时还很激烈。我是书记身边的人，又是会议的记录者，因此我的记录的客观性、公正性容易受到市长的怀疑。我的记录，省委组织部常派人下来检查，它与干部的仕途捆绑在一起。俗话说，恨其和尚，厌其袈裟，我有理由成为市长冷眼相对的人。但因了《怪手》的影响，市长高看我，始终对我很信任、很友好。一天深夜，他甚至给我打电话，对我说："倪大主任，今天的会议记录整理，请你笔下留情。"这话背后的信任如山一般重。我在书记和市长之间走了四五年的钢丝，居然没出事，庶几是《怪手》的功劳。

《怪手》共收录 20 篇短篇小说，这些小说都是我在八十年代中后期创作的。那时我笔锋正健，创作颇丰，浙江省作协对我青睐有加。1989 年上半年，省作协推荐我到北京大学作家研究生班深造，学制两年。全班50 名学员，浙江仅我一名，让我兴奋不已。我兴奋还有另一原因。1977 年高考，我以高分上了大学文科录取线，本以为能如愿以偿地上北京大学，殊不料母亲出身不好，我最终被"下放"乐清师范学校读书。这是我心头永远的痛。今天终于迈进北京大学的门槛，我怎能不激动？然而，世事难料，当年五月，北京大学成了一处漩涡，不久，北京大学作家研究生班被取消。这件事，对我不啻为晴天霹雳，我由此掉进了万丈深渊。

我很伤心。我发誓此生再也不读大学，再也不搞文学了。正因如此，衙门里掀起的学历速成热，我一直置身局外，以至成了干部队伍中学历最低的可怜者之一。而此后整整十年，我再也没写过一篇小说。对此，朋友们戏谑道，乐清多了一名官僚，少了一位作家。恰恰因为这个背景，我出版《怪手》的初衷，就是想给自己的创作生涯作个了结，与"躲在抽屉里肢解我的小说的蟑螂"告别，与文坛告别。换句话说，就是彻底"弃文从政"。但万万没有想到，《怪手》出版后，承蒙各方抬爱，特别是在机关大院里，许多人不称我"倪主任"，而亲切地称我为"倪老师"。这在权力中心是一种异常现象，它让我从中掂量出作家的分量，认识到文学创作的价值。因此，我再次燃起了文学创作的热情，此后又陆续出版了三本书。同仁们评论，我最好的书是散文集《芙蓉旧事》。可以这么说，没有《怪手》，我早已作别文坛，也不可能有包括《芙蓉旧事》在内的其他书，而我也就没有资格连续四届兼任乐清市文联副主席。

《怪手》加印两次，共印了 12000 册，我从中获得版税三万余元。我是一名穷书生，这笔钱让我为家里添置了冰箱、组合音响和大彩电，让我在家人和客人面前赢得了骄傲。我爱好美术，对《怪手》的装帧设计颇多"插手"，《怪手》的封面设计创意出自我，插图制作、内容提要、扉页设计、插页照片文字说明，均由我完成。对我这种"反客为主"的做法，出版社执行副总编郏宗培先生及责任编辑曹元勇先生比较宽容，没跟我计较。这是我的大幸。尽管当时上海制版和印刷技术还比较落后，《怪手》印得粗糙，但它的面目颇具特色，不乏好评。而且，我还听到了来自美术界的一些赞许。这对我来说非常重要，它给了我设计画册的勇气和信心。后来，我利用业余时间，帮助几家外地广告印刷公司设计画册，赚了些许设计费。这些收入多少改善了我的生活，这也是《怪手》的功劳。

　　总之，《怪手》在工作、名利诸方面都给我带来了好处。为示珍爱与纪念，后来我索性给自己取了一个"怪手"的笔名，又将博客名和棋名均取为"怪手不怪"。我名字中的"棣"字，许多人不认识，有人便干脆叫我"怪手"，我听到反而觉得很亲切。

　　当然，《怪手》带给我的负面影响也不是没有，主要是我的"文人"形象因之被放大，被格式化和标签化。在权力中心，文人是清高的代名词，命中注定是坐冷板凳的料。我在市（县）委办公室熬了二十年，服务过七任市（县）委书记，可谓灯油耗尽，但最终得到的评论却是半句话："这个人写文章可以。"另外半句是什么呢？我不说，熟悉官场的人恐怕都知道。有趣的是，在我的转岗去向问题上，有位领导竟公开对我说："你是文人，去政协最合适。"他似乎把我一生的命运都安排好了。但后来阴差阳错，我去了人大。

我在乐清市人大常委会分管法务工作，不再长年累月跋涉文牍大山。我作风硬朗，对不平之事敢于发声，但十年过去，我在同僚们的心中依然是位"文人"。

2012年元月我退居二线。回顾衙门生涯，柏影森森，心底颇有感触，遂写下《纸背吟》一律：

> 深陷衙门廿八春，今天终获自由身。
> 弃文从政当年误，借剑杀狼夙愿伸。
> 官不像官真怪手，士难称士假文人。
> 官场八卦今虽别，感慨无边纸背吟。

诗中"杀狼"二字，借指我的另一本小说集《杀狼》，此书剑指时弊，对不良的政治生态多有抨击，风格一如《怪手》，说怪不怪，不怪却怪。《纸背吟》自然是歪诗，但"纸背"万里，不失好玩之处，其中的颈联，尤可一哂，它是我的个性写照，更是我的人生感慨。

　　这写照，这感慨，千言万语，拎起来说，多是《怪手》的功与过。

　　　　　　　　2016 年 1 月 12 日于乐清马车河二马斋

袁镇澜：《日本空手道入门》

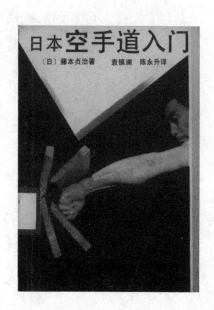

我第一次写书是一本日语译作，那已是近三十年前的事了，如今回想起来，觉得这一写作过程对自己的人生是非常有意义的。

　　我出生在普通平民家庭，兄弟姐妹共八人，我是老五。1957年正月，父亲因病去世，全家生活重担落在母亲一人肩上，母亲打工维持全家人的生活，非常穷困。1961年10月，我还不到13岁，辍学去了一家自行车修理店当学徒工。每天起早就要去店里，首先是开店门，那时的店门是二十多块木板组成的，要用肩扛。晚上关门又是一排排地扛，上好店门才回家。我当时已经开始学习武术，每天除了工作，练习武术非常勤奋。由于我在武术方面成绩比较好，后来才能从事专业武术教学工作。

1978 年中国进入改革开放年代，闭关的国度开始与世界接触，武术界也跟着打开了窗户，我们渐渐知道世界武术发展的状态。日本空手道于二战后传播到欧洲、亚洲、南北美洲，在美国、英国、法国、德国等发达国家非常流行。空手道的母体是中国福建的南拳，但为什么空手道会在全世界开展得这么好？当时在国内很难找到一本空手道的教学书。1984 年底，我委托一位去日本的朋友带来 1983 年出版的一本《空手道入门》，这是由全日本空手道联盟中央技术本部常任委员藤本贞治编写的。该书内容翔实，我如获至宝，反复阅读，将其中有启发的动作模仿练习，并用来改进自己的武术教学和训练。我认为此书对国内武术界会有促进作用，准备将它翻译出来。

当时我已经学习了几年日语，但水平还是比较低，就约朋友陈永升合作。经过一年多的努力，于 1988 年底完成了这本书的翻译工作。半年后，中文版《日本空手道入门》在浙江人民出版社出版，我也第一次得到了稿费（印数为 26700 册）。

严复先生曾讲到译事有三难：信、达、雅。"信"即译文要准确，不偏离，不遗漏，不要随意增减意思；

"达"指不拘泥于原文，通顺明白；"雅"指译文时选用的词语要得体，简明优雅。当时，按我的文化水平，做到此标准谈何容易。在翻译过程中，凡遇到不明白的词汇，我就翻辞典，一个单词、一个句子，都必须逐一搞清楚后才翻译，不敢有丝毫大意。那时的信息渠道非常窄，主要是依靠温州图书馆，我和陈永升两人常去温州图书馆查资料。当时图书馆在县前头，进馆后先在目录盒中找到书的编号，写成条子，交给工作人员到书库找到书，然后坐在阅览室，一边翻书，一边做笔记，很费时间，有时一个晚上只能弄清一个词条。

例如：为了弄清空手道的历史渊源，我们先后找了《隋书》《元史》《明史》等，了解到冲绳原来称"琉球"，《隋书》中就有《流求传》，明代开始成为中国的附属国，定时向北京进贡；空手道原名"唐手"，唐是中国的代称；空手道主要是福建南拳流传过去的；等等。

在翻译技术上遇到疑难问题时，因当时还没有这方面的录像、电影等动画资料，我们只能根据书本上的动作照相，一边观摩演练动作，一边在动作演练中分析这一技术的进攻或防守在力学上的合理性。就这样，经过一年多的艰苦工作才将全书翻译完毕。

通过这次翻译，首先使我在武术理论研究方面有了比较正确的路子，知道要研究武术理论就必须跳出武术圈，从人文方面入手，尤其是历史、地理、社会、哲学等方面的文化知识必须大量掌握。其次使我懂得读书的同时还必须学会思考与想象，在知识面广博的同时，时刻专注于自己的武术事业。

武术从外面看是身体动作、技击攻防等，但内在是一种文化、一种教育。在现代社会，通过武术教学使练习者身体健康、掌握一定的防身自卫技能的同时，还必须在心理、生活方法、人生观上都产生一种积极向上的效果。

《日本空手道入门》译作出版后的三十来年，我一直保持读书的习惯，并坚持写作，至今已出版译作和著作十多册。

2016 年 1 月 16 日

邱国鹰：《东海鱼类故事》

DONGHAI YULEI GUSHI

东海鱼类故事

277.3
7602

浙江人民出版社

浙江人民出版社 1981 年 6 月出版的海洋动物故事集《东海鱼类故事》，是我的第一本书。

　　这本书的出版，有点特别。

　　这是我的书，但也不全是。准确地说，是我和舟山两位文友合作的。全书收入海洋动物故事 44 篇，其中流传在洞头的 28 篇，流传在舟山的 16 篇；洞头的 28 篇中，我个人搜集整理了 14 篇。所以三个编者的署名，我排在最前面。

　　说是第一本，对，又不太对。客观地说，比这一本约稿早、出版时间也在 1981 年 6 月的，是由我编选、福建人民出版社出版的《海洋动物故事》，收入了在洞头本地流传的海洋动物故事 35 篇。只不过《东海鱼类故事》后来获得了国家级民间文学优秀作品奖，在民间文学界颇受好评，有些影响，就充了"第一"。

这听起来似乎有点乱，只是因为情况确实特殊。

1979 年，中华人民共和国成立三十周年，各地开展文学征文活动以示庆祝。当时我在洞头县文化馆从事文学辅导工作，组织县内的民间文学爱好者到码头、渔船、补网场，采录了一批民间故事传说，编印成内部交流本《洞头民间故事》，其中 8 篇海洋动物故事引起了北京、浙江多位民间文学专家的关注。省民间文艺研究会（省民间文艺家协会的前身）驻会负责人陈玮君先生慧眼识珠，一面来信鼓励我们继续采录，"要多叼一些鱼虾"，一面把这些作品推荐给福建人民出版社的陈炜萍先生，在他主编的《榕树·民间文学丛刊》一次性刊登（当时浙江还没有专门发表民间文学作品的刊物）。

在专家们的鼓励、指点下，1980 年，我们专题进行海洋动物故事采风，又搜集到了一批。陈炜萍先生除再一次在自己主编的刊物上发表外，又热情约请我编选专集，由他们社出版。就在这本专集差不多编定时，浙江人民出版社副总编、省民间文艺研究会副会长刘耀林联系我，说是鱼类故事流传在浙江，浙江人民出版社要把鱼类故事列入选题，由我编选专集。这一来我就为难了：福建人民出版社最早发表我们的作品，我又已经答应了他们的约稿，这于我这个多次受惠的作者，是一份情感；另一方面，省协会领导有要求，本省、本协会的任务要完成，这于我这个协会会员，是一份责任。怎么办？

思考再三，我提出了一个两全其美的办法：我愿意和搜集到同类故事的舟山两位作者合作，为浙江社编一本鱼类故事集，并集中在杭州统稿；而给福建的书稿不变。这样，圆满解决了难题，海洋动物故事也一下子有了两个选编本。

海洋动物故事怎会这么受欢迎？专家们为什么来信称赞"海洋鱼类故事的搜集，为民间故事开辟了新的领域""是民间故事中一个新的品种""具有特色，极为珍贵"？刚开始时，我既受宠若惊，又懵懵懂懂——真是一不小心掘到了"金矿"哇！后来请教行家，查阅资料，才知道：我国的动物故事很丰富，可涉及的大多是陆地或江河的动物，纯属海洋的动物故事，从新中国建立到"文革"之前，搜集、发表的只有寥寥三四篇。而当时我们采录到的就已经有四十多篇（其中有十余篇后来归入鱼类传说和海洋药物传说），这正应了"物以稀为贵"这句老话。

《东海鱼类故事》出版后的第三年（1983），全国举办第一届民间文学作品评奖活动，评的是 1979 至 1982 年出版、发表的作品。获得一等奖的 7 部作品，全部是少数民族的史诗、长歌，如藏族的《格萨尔传》、蒙古族的《江格尔》、傣族的《相勐》等。二等奖的 23 部作品中，有 12 部也是少数民族的作品。在这种情况下，《东海鱼类故事》获得二等奖，挺难得的。浙江民间文学界的同仁们都很高兴，浙江人民出版社因而第二次印刷了。

《东海鱼类故事》出版二十六年后，全国开展非物质文化遗产申报工作，洞头海洋动物故事从市到省再到国家级，一路绿灯，2010 年被列为第三批国家级"非遗"名录。《东海鱼类故事》作为最早公开出版的海洋动物故事读本，成为申报的有力佐证。

从 1981 年以来，我陆陆续续出版了 26 部书，《东海鱼类故事》只是薄薄的一本，才 144 页，可它在我心中的分量却很重。这个重，不仅在于获了奖，为申报国家级"非遗"出了力，还在于它是我文学创作路上的新拐点，给了我满满的信心和动力，让我更懂得感恩。海洋动物故事是渔民集体智慧的结晶，没有讲述人的传承，我们将一无所获。海洋动物故事从被发现被肯定到出版获奖，倾注着搜集整理者、专家老师、出版社领导编辑等无数人的心智，我个人的力量微乎其微。

这些年，洞头海洋动物故事被作为演讲稿、作文改写题材，出现在故事会和课堂上；画成漫画、制作成动漫、雕刻成石雕，置放在旅游景点和交通要道上；甚至衍化为渔家特色菜肴，出现在游客餐桌上。这是当年搜集整理、编选出版《东海鱼类故事》时，始料未及又足堪欣慰的。

2016 年 4 月 7 日

王则柯：《数学园地的盆栽艺术》

数学园地的盆栽艺术
——代数方程的攀藤算法

王则柯 编著

科学普及出版社

许多人觉得数学抽象。在数学里面，我大学高年级学的拓扑学更加抽象。当时虽然"文革"还没有开始，但是已经厉行"教育为无产阶级政治服务，教育与生产劳动相结合"，学拓扑的人早已无法面对拓扑学有什么"实际用途"的诘问。

　　毕业后我在上海教了十年初中数学，那几乎就是"文革"的十年。"文革"风暴略略缓和的时候，我曾经借着"学工"的名义，翻阅数学专业学生原来怎么也瞧不上的"画法几何"，以便教初中生尺规制图，画法蓝盘和吊钩。可是这也引得外班少数富于红卫兵精神的学生，友好地走来向我发出"不要走白专道路"的劝谕。后来家庭初步团聚，我在广东佛山地区农机学校教"机械设计"和"材料力学"，能用上几角钱一把的学生计算尺，内心就已经有点兴奋，拓扑学埋藏在我头脑里未敢触及的角落。

粉碎"四人帮"的次年夏天，首届外国科技图书展览假广州流花地区的中国出口商品交易会会址召开。这个小小的窗口，让我看到一点外部世界。我在不上课的日子先后请了三天假，早出晚归，从佛山到广州，泡在这个展览里做笔记。

离开拓扑学已经十多年，内心似乎也没有多少眷恋。但是当看到印制漂亮的《微分拓扑学引论》和封面古朴的《不动点：算法与应用》时，感觉还是马上就回来了。体系漂亮的微分拓扑学，乍一看还是相当抽象，但是"不动点"不但已经能够计算，居然还能够应用到经济学和金融学的研究，却实在让我兴奋。我们当年学习拓扑学，"不动点"是一个非常重要的概念，运用抽象证明的"不动点定理"，可以进一步证明许多别的数学问题和应用问题都有"解"，但这个"解"究竟在哪里，却要另外想办法。现在，不动点本身已经可以计算，从而那些问题的解，也就随之可以算出来了。

当时国内出版的书，多半是几角钱一本，两三元一本的已属价钱不菲，可是原版的《微分拓扑学引论》和

《不动点：算法与应用》，都标价在两三百元，这对于月工资五十多元的我，真是天文数字。妻子美灵的姨父姨妈，是香港居民，姨父还出任航空学校的校长，曾经到伦敦受颁勋章。知道我渴望得到那两本书，他们就命长子买来寄给我。从此开始的一年多时间，是我一生中读书最用功的时候。

《不动点：算法与应用》的头一篇论文，是美国普林斯顿大学库恩教授 1974 年提交的计算代数多项式全部根的一种算法。这是重拾学问以来我完全读懂的第一篇新近的学术论文。基于拓扑学的"库恩算法"，几何形象极好。完全读懂的那天，我非常兴奋，晚上躺在床上口干舌燥地讲了两个小时，把论文的大意讲给美灵听。她要我赶紧把自己的解说写下来，还要做我的第一个读者和"审稿人"。美灵帮我找准了重拾学问的位置。

多年以后，惊觉我的出版发表竟然比周围的同事多很多，我慢慢悟出一个"道理"：我是一个不写作就不会思考的人。听课也好，读书也好，感到一样东西似乎要懂了，就必须一字一句完完全全把它写清楚，写得别人也看得明白，才算自己真正弄明白了。不少这样的文字，写的时候并没有想到发表，反倒是后来我的发表变得很有信誉了，当初那些帮助思考的文字，也容易修订得符合出版发表的要求。

不过，关于库恩算法，我却是一开始就准备争取在普及读物的层次出版的。当时我刚刚归队，不敢奢望很快就发表论文和专著，但是写作普及读物，努力浅白地介绍最新进展，还是很有把握的。形象地说，库恩算法就像在一个花盆种下 n 株芽，让它们往上生长，来捕捉 n 阶多项式的全部 n 个根。我精心构思，花了大约半年时间，写成了有趣的高中生也能看得懂的一本小册子，书名是《数学园地的盆栽艺术》，投稿科学普及出版社。

归队到中山大学不久，新时期首次全国拓扑学学术会议在安徽芜湖召开。我是带着纯粹学习的态度去的，没准备发言。鉴于绝大部分报告都偏于理论，师兄石根华就鼓动说，让我们两人来一个"应用专场"。结果我们包了一个上午，石根华用两个钟头讲他用拓扑学开创的岩石力学，我用 40 分钟，有点像当初给美灵倾诉那样，浅白地介绍了库恩教授几何形象极好的多项式求根算法。首次在全国性学术会议上报告，难免兴奋和紧张，胃痛得非常厉害。吃饭的时候，有年轻代表说，听了一个多星期会，只有我这个介绍库恩成果的报告，真正听懂了。我虽然胃痛什么也吃不下，内心却很是高兴。

老先生们住另外一个宾馆。第二天上午会议之间，江泽涵先生告诉我，清早先行返京的吴文俊教授，昨天晚上特意请他转告我，希望我把关于库恩算法的研究坚持下去。芜湖会议以前已经在学术研究上崭露头角的刘应明师兄告诉我，吴文俊先生对于"构造性的数学方法"特别感兴趣，所以他才会请江泽涵先生传话。

说实在的，我是在归队前后才重拾学问的，而江泽涵先生和姜伯驹老师他们在困难的条件下，还一直努力追踪国际学界的最新进展。后来我还听说，较早的时候当江泽涵先生知道拓扑学上重要的不动点已经可以计算出来，也是相当兴奋。我读懂那篇论文后，在第一时间就写信向姜伯驹老师报告。他知道这方面的发展，马上回信鼓励我坚持下去，说我国"至少需要有人关注这方面的发展"。我深深感到，点滴进步，都渗透着师长们的热切关爱。投稿是在归队后不久的 1979 年，1984 年出版，定价 0.48 元，印数接近两万。

其间，我访学普林斯顿大学两年，邀请人就是库恩。普林斯顿访学期间，我在库恩算法的成本估计这个热门的计算复杂性理论方面做出成果，还应邀到斯坦福大学、伯克利加州大学和康奈尔大学演讲这个成果。能够幸运地做出这样的成果，与我为了讲清楚这个算法舍得花半年时间写作普及读物，有很大关系。

从投稿到出版花了整整五年。我当然一直惦记，却一点儿抱怨也没有，反而觉得遇上的尽是好人。首先是接稿的责任编辑吴芝静，严格而不失热情，书信来往一直非常认真。接着就是北京航空学院的李心灿和王日爽两位审稿人，在认真审阅后，热情来信夸奖我的普及写作"为数学生花"。要知道，在责任编辑来信询问和审稿人来信夸奖以前，我根本就不认识他们。

我给中学生数学爱好者讲座库恩算法的原始设想，却一直没有实现。如今，不敢说能够抵挡应试教育大潮的学校一所也没有，但即使有也是凤毛麟角。再想下去，哪怕幸运得不得了让我遇上了这样一所学校，人家是否能够就这个题材与我发生共鸣，也是非常渺茫的，因为世界上精彩的东西还有很多。明白了这个道理，我也就完全没有遗憾了。

2016 年 6 月 15 日

谷定珍：《谷园春草》

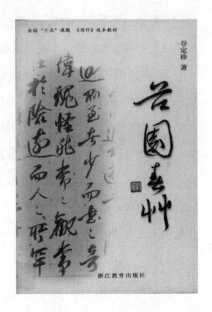

我的第一本书是散文杂文集，名为《谷园春草》，2004 年 10 月由浙江教育出版社出版，印数一万册。

此书的出版，缘起黄来仪先生的一句话。

二十多年前，我完成了一篇研究古代汉语语法的论文，题为《论一种特殊的主谓短语》，约一万字。承蒙温州师范学校的马贝加教授细心指导，后请教黄来仪先生。黄先生曾任温州中学校长，虽为物理学科，却也旁及文史哲诸方面。先生敦实的身材，红红的脸，一口好听的瑞安话，总是笑眯眯的。先生读后，指出了诸多不足，送我到门口时，停住了脚步，亲切地说："多写点，以后出一本书。"

这自然是鼓励，却让一个青年教师受宠若惊——我居然可以出书！

出书，真的是想都不敢想。

语文课上，我曾教学生读一篇课文，题目是《崇高的理想》，作者是陶铸。其中有这么一段：

> 每个人都有他自己的理想。但是，理想到底指的是什么呢？这个问题是比较复杂的。因为一个时代与一个时代不同，一个时代内，一个人与一个人又不同。比如，从前的学生，大都是希望毕业时搞张文凭，找到职业，或者是希望在社会上能出人头地，以至显亲扬名。这就是他们的理想。做教师的，则是希望能把职业安定下来，能写出一两本书，或者能去外国留学"镀镀金"，回来求得更高的名誉和地位。这就是他们的理想。

出书往往夹杂着不够"崇高"的想法。但我却是"捧着一颗心来"，与职称荣誉无关，与"显亲扬名"无涉。

此书为全国课题的《写作》教材，主要为中学生服务，培养文学鉴赏能力，提高文字表达水平。我搜集了自己几年来在报刊上发表的散文与杂文，总共五十一篇，实乃语文教师的下水作文。

正是为了学生，所以内容设计得比较复杂。

比如，我的散文《小院琴声》，记叙了那个时代的温州：我还是小学生，常常被组织上街游行，时常冒着瓢泼大雨，时常顶着毒毒的烈日，声嘶力竭地高呼口号，"要巴拿马，不要美国佬！""要古巴，不要美国佬！"可是，我家小院里，黄昏时分，清风徐来，蒲扇，竹椅，葡萄藤，栀子花……竟时常传出京胡悠扬低回的二黄慢板，高昂潇洒的西皮流水……琵琶的《阳春白雪》，小提琴的《梁祝》……二胡那优美动人的《独弦操》《烛影摇红》《良宵》……

其后，我写了"作者手记"，比较详细地介绍了"幕后故事"。我告诉学生，那的确是一段令人难忘的时光：黄昏时分，院子里洋溢着安详优雅的琴声；可到了深夜，上空便准时响起了炒豆般的机关枪声，"哒哒哒，哒哒哒……"仿佛这台机枪就架在我们家房顶上，震得床都在抖动，我们躲进被窝里，一个劲地骂那该死的"哒哒哒"——当时父母不在家，姐弟几个都才十多岁……我真想把这篇文章的题目改为《琴声·枪声》，让后来的人们知道，那时的中国，人们常常用到一个词语——"武斗"。

温州作家许宗斌先生热情地为之作了"名家点评"：

> 这是一篇忆旧文，写于 1996 年，回忆的是 30 年前的旧事。文章的时代背景是"文革"前夕至"文革"爆发。对那场号称"文化革命"实为革文化命的运动，历史已做出否定的结论，而留给人们的惨苦印象至今难以磨灭。写那个时期的回忆文章，自然多是对恶行的揭露和控诉。……本文作者似乎在表述一种信念：人们对美的向往是无法扼杀的。……正文之后的"手记"非常重要，完全可以看作文章的有机组成部分。在正文里只侧面提一下的小院外的那种声音，在"手记"里却作了详尽的描述，给人的印象极为强烈。作者的叙述也不再那样平静，充满深广的忧愤，和正文互为补充，相得益彰。

如今读来，许先生的音容笑貌如在目前，可惜先生已经离去，"遏思謦欬之音，杳绝烟云之路"。

为我的散文《春雨蒙蒙》点评的林炜彤先生，是浙江省特级教师、省中学语文教学研究会副会长。林先生的点评文章充满温情，点铁成金。还赠我一幅近照：先生鹤发童颜，慈眉善目，端坐在浅绿色的沙发上，深色的小桌上，一青花白瓷瓶，插着几株银柳，包裹着白色绒毛的嫩芽，含苞欲放。

我总觉得，点评的字里行间，都可以读出先生们的热情慈祥。"采得百花成蜜后，为谁辛苦为谁甜?"——大家都是为了读书的学生。

为之作序者，有全国著名语文教育家、浙江师范大学中文系教授王尚文先生，一级作家戈悟觉先生。

为之点评者，有语文界的前辈，如于漪、林炜彤、唐承彬、张延彪、唐郁文……有温州的学者作家，如吴军、张思聪、朱月瑜、王手、许宗斌、瞿炜、叶坪、金辉、沈不沉、程绍国、李文照、黄泽……有老同学，如陶东风、王彪、李中远、王幸平、王启源……有老同事，如张鹤熊、张维藩、周景波、林定川、池方浩、章立鑫、郑今贵、谢作黎……

今天，我又重读了他们的点评文字，"如面聆謦欬，春温秋肃，默化潜移，身心获益靡涯"。

取名为《谷园春草》，源于温州中学的文学社刊物《籀园春草》。我刚当老师的时候，就在班级里办了一份油印小报，取名《小花》，发表学生的诗歌散文。当时的温州中学校长郭绍震先生很是高兴，特地为《小花》写诗，题目是《我爱小花》。时间过了三十多年，我还依稀记得其中的几句："小花，小花，肥了牛，壮了马，芬芳遍天涯。"

后来，我创办温州中学的文学社刊物，征求郭先生的意见，取名为《籀园春草》。当时，郭校长已经退休；如今，他也离开了我们。

回望我所称之为"先生"者，都是一心为了学生，胸中满溢热情，寄希望于明天的青年。

出了一本书，却收获了这许多的幸福，真好。

2017 年 2 月

缪克构：《少年远望》

我在出访埃及、伊朗期间，收到上海书店出版社柏伟兄的微信，说《温州读书报》"我的第一本书"专栏，请他约我写一篇文章。我即刻答应下来。温州是我的故乡，我在那里出生、成长，至十九岁。《温州读书报》赠阅多年，早已是我必读的报纸之一，而柏伟是我最新一本散文集《黄鱼的呐喊》的责任编辑，他的专业精神和敬业态度，令我钦佩不已，《黄鱼的呐喊》列入他领衔的"海上文库"丛书出版，可谓一种礼遇。

出访回来后，马上就去了北京参加第九届全国作家代表大会。一次在会场上，身后一个声音喊我，我回头一看，"啊，徐鲁"。我们虽然素未谋面，但他是我第一本书《少年远望》的责任编辑。真是太巧了！2003 年前后，我们频繁地通过电话和信件，之后则一直关注彼此的动态，对于对方的长相，恐怕早已了然于胸了。会议间隙的交谈虽然短暂，却是十分愉快的。

"一切诚念终当相遇"，写到这里，这样的句子自然就冒出来了。

徐鲁现在是湖北省作协副主席，十余年前他是湖北少年儿童出版社的资深编辑，编过很多有影响的少儿文学书籍。那时候他在主编"鸽子树"丛书，第一辑中就有方方、林白这样的一流作家，这自然是一种很大的诱惑。2002年，我28岁，将自己的第一部小说《少年远望》寄给了他。记得过了不久，徐鲁便给我回信，告诉我的是个好消息：《少年远望》列入第二辑"鸽子树"丛书出版，第二辑中的三部长篇都是青年作家的作品。对我来说，这真是一个令人激动不已的消息。在此之前，我写了十年的诗歌，在《人民文学》《诗刊》《星星》发表过两百多首作品，有近十篇中短篇小说见诸报刊，编好的诗集《独自开放》正在寻求出版。想不到小说作品拍马赶到，成了我的第一本书。

这是一部不足十万字的少儿长篇小说，写的是一个类似于堂吉诃德的叫"远望"的少年，他早慧、聪颖，又常常突发奇想，做出一些令老师和同学惊愕不已甚至不能容忍的举动，最后以中考失败告终。这是一部少年成长的"小悲剧"。

远望的原型是我大学时代的一个朋友。作为一个自考生，他来到华东师大求学，大约在校报上屡屡看到我的一些小文与短诗，"慕名"找到我的寝室里。随着交往的深入，他慷慨地向我讲述了自己的成长故事，并将少年时代的日记全盘托付于我；而我也将他"塞进"了自己的寝室——里头有四张上下铺，恰恰只安排了七个学生。我的室友对他是极为友善的，虽然他常常从晚自修课堂夜半归来，一双臭脚将大家熏得难以入眠，但他每日只吃八个馒头、一包榨菜的贫困生活，依然赢得了大家的充分同情。

我的活儿来了：我要为这打动人心的成长故事写一部小说。

华东师大的校园是极富诗情、才情和激情的，丽娃河畔走出的一代代作家：施蛰存、许杰、戴厚英、赵丽宏、王小鹰、孙颙、格非、陈丹燕……无不激励着年轻的中文系学子立志当一个作家。我从少年时代便开始学习写作，到了这样的地方自然心旌摇曳、夜不成寐了。大学四年，我挤出大部分时间用于读书写作，并为自己赢得了小小的声名。从这所师范院校毕业后能进入报社工作，自然也与此有关。

从 1996 年下半年到 1997 年上半年，大学的第四年，我花了不少精力来写这部小说。在苏州河畔一间租来的民房顶楼，我激动不安、满怀野心地希望写出一部可以出版的小说。写作的过程充满艰辛，很多素材不知如何处理，对技巧的运用也相当陌生。无疑，我在中短篇小说写作方面的训练还远远不够，一下子跨进一个小长篇，就只能全靠充沛的故事素材和青春期的激情在写作。当然收获也是多多，正是在那个时候，我大量地阅读了中外优秀长篇小说，如饥似渴地从中汲取养料。

大学毕业时，《少年远望》的初稿完成了。那一年我 23 岁。在这个年龄，格非、苏童他们早已写出了重要作品天下闻名了。我进入报社后，从事的是新闻编辑工作，最初的几年又陆陆续续花了一点时间修改，其间也有过被出版社退稿的经历，直至在湖北少儿出版社"尘埃落定"。

回想起来，那些年我的主要精力似乎都用于工作上了，除了当好一个夜班编辑，还花大量时间做了系列文化名人访谈，日后结集有《一生从容》《笔墨人生》两书，分别由东方出版中心和复旦大学出版社出版；另一些零星的时间则在诗歌中徘徊。我一直觉得，自己的诗歌写作还算顺手，小说则是信心不足，走得磕磕碰碰。当然，每篇小说也有各自的命运。2008 年后，我又集中力量将早些年写的中短篇小说找出来，修改了一番。《暗器》《少年立权之死》等在《上海文学》《西湖》刊物头条发出后，被《小说月报》转载，分别入选 2009 年度、2010 年度《中国最佳短篇小说》。这样的势头一度让我兴奋起来，决心将主要精力投入到小说写作中来。

但工作也更加繁忙，生活和工作的频道完全切换到新闻中来，写作只得搁置。在我，倒也想得明白：一个人不能什么都想做、什么都想要；无妨，真正想写的东西，终有一天会从纸上冒出来。

我在一篇文章里看到，很多作家有一种随时随地都能写点什么的习惯，比如格雷厄姆·格林一天必须写五百个词；让·布雷迪必须赶在午餐前写五千个词；而萨拉·沃特斯规定自己每天至少要写一千个词，哪怕是垃圾也要写出来，因为他会选择适当的时机把那些文字重新打磨一遍。我身边也有这样的作家朋友，比如诗人赵丽宏，悬疑小说家蔡骏。赵丽宏的很多诗歌就写在随身携带的笔记本上；而出了二十多部长篇的蔡骏，每天再忙也会在电脑里敲上几段文字。在我，曾经也有过这样的经历，现在却完全不着一字；他们的习惯和做法，倒也暗暗激励了我。

2015 年，我的二十年诗歌精选集《时光的炼金术》由北岳文艺出版社出版，获得上海作家协会的年度作品奖。2016 年，我的十年散文随笔精选集由上海书店出版社出版，作为"海上文库"的一种。接下来，我也许应该将关于故乡的中短篇小说系列延续下去，明年则应集中精力将写了十年的第二部长篇小说改出来……

2016 年 12 月 4 日北京飞上海途中

王春南：《书法家成功之路》

我的第一本书《书法家成功之路》，是 1983 年 12 月在山西人民出版社出版的（与徐元田合署），距今已有三十多年了。我这个学历史的人出的第一本书，不谈历史，而谈书法，是我原先没有想到的。

　　八十年代初，我闲居在家，上门者寥寥。不过徐元田常来看我。他是我大学同学，大我十岁，1947 年就参加革命，后由工农速成中学升入大学（调干生），当过五年班级党支部书记。"文革"中因所谓"保皇"（保南京大学党委及江苏省委工作组）在历史系被批斗。那个会我参加了，中途退了场。徐元田认为在危难之时得到了我的支持，视我为可交的朋友。"文革"后他升任南京大学图书馆负责人。我托他帮我借两类书：一类是清朝浦起龙《史通通释》，以及跟刘知几《史通》有关的古今图书；一类是有关书法理论和书法历史的古今图书。他帮我借了一些，我又到南京图书馆看了一些。

时值政治运动的狂潮退去不久，心有余悸的我，想学清朝考据学家，钻故纸堆，躲避风港。还想搞书法，修身养性。看过前一类书后，写了一本《〈史通〉引书考》，二十多万字。托我的同学俞玉储推荐给北京一家出版社，耐心等了几个月，稿子被退了回来。我没有再找别的出版社，将书稿束之高阁，因为我知道此稿出版的希望极渺茫。不过我写的两篇有关刘知几及其《史通》的文章倒是发表了：《给史通浦本填空补阙》刊于《文献》杂志；《刘知几政治倾向及其对〈史通〉的影响》收入了《江苏史论考》一书。总算得到了一点安慰。

我看后一类书（其中有一本是当年中央大学的书法教材，较珍贵），本来是想对书法艺术增加一点理性认识，以便更好地练习书法。书看得多了，渐渐有了一些体会，并产生了把这些体会笔之于书的念头。陆续写了四十多篇随笔，多是以说古道今的方式叙说今天学书者感兴趣的问题：古代一些大书法家是怎样进入书法艺术殿堂的，经过了怎样的道路，有何体会和经验。文章有趣味性、知识性、可读性，也有一定深度。

其间，我还采访了著名书法家林散之先生（时任南京书画院院长），他让我看了他手书的自传。自传中说："余少也钝，喜好弄笔，每天百字，经年累月，始终不辍。学唐碑、汉碑几十年。三十岁以后学行书，主要学米芾。六十岁以后学草书，主要学王羲之及怀素。"我根据他的自传，写了一篇关于他的学书之道的文章。后将几个月写的合起来，成了一本十多万字的书稿。全稿由我执笔，但大部分资料是徐元田提供的，所以我把他的名字写在书稿封面上我的名字之后。

此稿取名为《书林漫笔》。我的朋友吴肇鸿特地请林散之先生题写了书名。直到这时，我还不知道这书稿能不能出版，以及该找哪家出版社。我写了几封信，分寄外地几家出版社，推销书稿。那几家出版社都回了信，但只有山西人民出版社告知，待看过书稿再决定出版与否。稿子寄山西人民社不久，就有了回音，该社答应出版，但要抽去几篇。我自然同意。

1983 年 12 月，我收到了样书。以前虽然在报纸上发表过一些文章，但大都用所在单位部门的集体笔名，如"黎伦"（理论组的谐音）之类，少数几篇用个人笔名（夏里）。第一次见到手写的书稿变成书，署上真名，还是很激动的。

此书正式出版时，书名改成了《书法家成功之路》。林散之先生题写的书名没有被采纳，出版社另外请了两位书法家，分别负责封面题字和扉页题字。出版社可能认为，《书法家成功之路》的书名显豁，令读之者一目了然。

我将这本书送给了我以前的同事、书画家田原先生，承他赏读。他坦诚地对我说：书是写得好的，但《序言》开头的一首诗，并不怎么样，不如不收。我赞同他的意见，自知咏诗非我所长。古人说，诗要能感动人才是好诗，而我写的诗了无诗趣，不能感动人。自此之后，我极少写诗。有人托我改诗，能谢绝的就谢绝；不便推辞的，只好勉为其难。

这本书印了 26000 册，得稿酬 1140 元，相当于我当时一年多的工资（那时刚刚连升两级，工资 76 元）。这本书之所以能出版，看来是因为适合图书市场需要。由《书法家成功之路》的成功出版及《〈史通〉引书考》的出版无望，我得到了经验，就是写书之前先要研究市场行情。在经济活动中，需求决定供给。写书也是这样，如果不看读者需要，盲目写书，很可能写出来后无人问津。

近日把《书法家成功之路》拿出来翻了一遍，觉得罗列资料过多，该割舍的不忍割舍，不免有"掉书袋"之嫌；文字也有些稚拙，"汗颜"是免不了的。不过，我著书就是从这里起步的。有了这一本书法书，才有了后面的八本书法书（《二王书法》《书圣王羲之》等）。

2017 年 9 月 25 日

魏邦良：《隐痛与暗疾》

现在回忆我的第一本书《隐痛与暗疾：现代文人的另一种解读》，我为拙作粗陋与偏激抱愧的同时，也为自己遇到一位好编辑而欣慰。

话说那还是遥远的 2005 年，我正热衷于"炮制"所谓的文化随笔。我家附近有一家不起眼的小书店，晚上散步路过当然要进去随便翻翻。广西师范大学出版社出版的《温故》就这样进入我的视线。我记下它的投稿信箱，寄去几篇习作。

很快我收到《温故》执行主编冯克力先生的回函。（后来才知道，冯先生系《老照片》的主编）冯先生在信中问，类似的随笔我手头有多少，可一并寄给他，以前发表过的也可寄去。我把手头勉强可读的文稿悉数寄去，共约八万字。冯先生阅后回信说，他可以为我出本书，但字数不够，得补充八万字左右的文稿。

冯先生的许诺并未让我动心。一来我知道，补充八万字于我不是易事；再则我认定冯先生这样说不过是出于对我的鼓励。因为出书的程序颇为复杂，即便冯先生偏爱拙稿，出版社不买账也白搭。于是我含糊其词回应了冯先生的一番好意：答应补充文稿，但并未确定期限。

接下来就是暑假，我把这事完全抛诸脑后了。没想到暑假刚结束，冯先生就来信催问书稿进展情况。我意识到问题的严重性，就在回信中试探地问了一句，倘若书稿完成，出版社真愿出版吗？知道我尚犹豫不决，冯先生的回答斩钉截铁：这本书的选题出版社已同意，现在正等稿子，如同等米下锅！冯先生的定心丸让我无路可退，八万字的稿子也就一点点挤出来了。加上原先的八万字，总算凑够了一本书。

我的第一本书就这样诞生了。系"温故书坊"丛书之一种。谈不上足月，但顺产。十几年过去了，这本原就是淡黄色封面的书，经过岁月的漂洗与晾晒，变得更"黄"了。写下这段文字，不是顾影自怜追忆我那早已不堪卒读的第一本书，而是饮水思源致谢一位热忱而尽责的出版人——冯克力先生。

2017 年 11 月

顾志兴：《浙江藏书家藏书楼》

"文革"结束后，全国出现了书荒，杭州也不例外。记得 1978 年 4 月，人民文学出版社为顺应读者需要，重版了四大名著、出版了《唐诗选》等读者亟盼的读物。杭州读者漏夜在新华书店排队购书的壮观景象，远超当时在百货公司购三大件（手表、缝纫机、自行车）的热情。我的一个学生后来告诉我，他骑自行车在市区书店兜了一圈，感到无望，就径奔近郊的书店才好不容易购到这些书。精神的需要超过物质的需要，我深深地体会到了。我想起了杭州藏书家丁丙。咸丰十年至十一年（1860—1861），经太平天国战争的两次蹂躏，杭州死了几十万人不说，就文化而论，文澜阁《四库全书》遭到劫难，丁丙置身家性命于不顾，全力抢救库书。杭州这个文化之邦、藏书之乡，经此一役，同治初才恢复府学、书院，房舍虽可修修补补，但书被烧光，出现了士子无书（课本）可读的情况，当局不得不筹建浙江书局刻书以应急需。我想到了历史上有许许多多的藏书家节衣缩食收藏典籍使文化不致中断的事迹，而杭州又是历史上藏书名楼迭出的地方。我应该把这些史实记下来，以供后人借鉴；我应该把研究明清小说的事情放一放，先搞藏书史研究。用藏书家的话来说：自此遂有研究藏书史之志。

这时的客观条件也比较好，我从中学调到杭州教育学院教中文，时间相对宽松，读书时间多了。另外，乐清人蒋德闲兄时主持浙江出版系统的一份报纸《浙江书讯》（后改为定期刊物《浙江出版研究》），他知道了我的想法，对我说："你先写些，我给你发，积累多了，慢慢成书。"浙报文教组的程组长也对我说："老顾，你给我们写的关于中学生如何写作文的讨论总结，读者反映不错，听说你在研究藏书方面的课题，浙江是文化之邦，报纸需要这方面的稿子，我给你不定期地发一些，但字数限定 500 到 800 字，你懂的。"

更重要的是，这时候我认识了胡道静恩师，不时写信指导，有时耳提面命，使我学业有所长进。这部书能写成，饮水思源，与道静师的指点和教益是分不开的。

胡道静先生是著名的文献学家、科技史专家。老先生平时不多言，可一旦谈问题触及痒处，常常是滔滔不绝，额头和眼睛发亮，以至于眉飞色舞。我曾经在四平大楼他的"海隅文库"里多次亲闻謦欬，真是"胸中贮千卷书，使人那得不畏服"！老先生除了学问好，腹中江浙两省的藏书故实也特别多。自太平军入江浙至抗日战争，江浙两地藏书家为护藏珍籍，纷纷将书转移至上海租界，那里相对安全些，浙江一些藏家多有迁居沪上的。这样，民国期间上海文化圈内人茶余饭后就多了一个藏书的话题，实为珍贵史料，胡先生当然知道，有的则是他亲身经历，凡所知者，皆娓娓道来，传授给我。

我曾向道静师询及天一阁的失书问题，他告诉我，你写了乾隆征书和咸丰间太平军入甬的事，民国三年（1914）还有一件大事你可能不知。那时我也是孩提之年，是先人告诉我的。当时上海有不法书商，勾结巨贼薛继渭潜入天一阁。薛昼伏夜出，白天躲在天花板中，以红枣果腹，夜晚偷盗书籍，捆好后将书用绳子缒出墙外，自有人接应运往上海出售。范氏后人闻知沪上盛传有天一阁书散出，检查书楼发现书少了，在天花板中发现枣核始知其事果真。这样的史料我找遍典籍未见记载，就写入《浙江藏书家藏书楼》，略记一二，至2006年著《浙江藏书史》时才较详细地记入，但两处都不忘写上"据胡道静师告我"的字样，若不是老人家博闻广记，我懂得什么！

胡道静先生对清末民初浙江的藏书楼特别熟悉，也有感情，对湖州的陆氏皕宋楼、蒋氏密韵楼、杭州丁氏八千卷楼以及文澜阁等都给过我很多知识，讲后不忘补一句：我是随便说说的，你写书还得仔细查阅文献史料。

其实老先生不仅熟悉藏书掌故，对藏书也有真知灼见，且见识高人一等。他有篇文章，是为周子美所撰天一阁、嘉业堂书目所作的序言，题目叫《周子美撰集书目二种序》，当时周书尚未出版，恩师就将打印稿赠我。细读此文，我觉得嘉业堂藏书今日虽有多种专著出版，但对嘉业堂藏书概括最全面、评述最中肯的还是先生的文章。我的那本书出版后，我将先生的文章列为参考书目之一。

道静师不仅将腹中所知倾囊相授，还帮我寻找线索，介绍前辈。举个例子，我的祖籍浙江海宁自明清以来藏书就很出名，乾嘉学者吴骞、陈鳣即以藏书闻名于世。但道咸时期海宁"二蒋"的资料却不多，难以下笔。我将这个困难告知了恩师，即如叶昌炽的《藏书纪事诗》、吴晗的《两浙藏书家史略》所述亦极简略。道静师对蒋光煦比较熟悉，告我找哪些书读，又将蒋氏所刻《别下斋丛书》向我作了介绍。谈到蒋光焴，胡师说：蒋光焴的后人与上海同济大学陈从周教授是亲戚。你回杭后给陈先生写封信，告知你著书情况，他定会复信介绍你与蒋先生认识，你可向他请教。我给陈从周教授写了信，不久即接到蒋启霆（雨田）先生来信，详细告诉我，他是蒋光焴的四世孙，蒋光焴与蒋光煦是从兄弟，蒋光煦为二房，蒋光焴是四房。当年蒋光煦的别下斋，与从弟蒋光焴的衍芳草堂这两座有名的藏书楼俱在海宁硖石镇通津桥东河街（旧名南大街），两座藏书楼毗邻而立。雨田先生对我写这本书很支持，信中说他现时不忙，主要给从周先生的研究生上些文史方面的课，有问题尽管写信给他，他会将自己所知尽数告诉我。来信并附来从周先生文章《梁启超与王国维题〈西涧草堂图〉》和他自撰的《西涧草堂藏书纪略》一文。这使我知道了蒋光焴除海宁硖石有衍芳草堂外，在海盐南北湖还有一处藏书楼西涧草堂。

当庚申之际太平军入海宁，蒋光煦别下斋藏书毁于此际，蒋光煦痛惜藏书之失，呕血而亡，以身殉书。蒋光焴的藏书要幸运一些，他先期将十万卷珍藏转移至比较偏僻的海盐澉浦南北湖的蒋氏丙舍，后随战事变化，携书渡海至绍兴、宁波而抵武昌，千方百计护书。在安庆与曾国藩相遇，赠曾扬州诗局本《五韵》及《郝注尔雅》，曾国藩以"虹穿深室藏书在；龙护孤舟渡海来"一联回赠予蒋。新中国成立之初，蒋氏后人将千方百计护藏的十万卷藏书悉数捐给国家，现珍藏于北京、上海、杭州各大图书馆中。

前已提及西涧草堂外界知之极少，盖因陈从周先生的夫人是蒋家后人，蒋雨田先生是蒋光焴的四世嫡孙，他们告知我的有关情况在某种程度上可称是第一手材料，可说是我这本书的一个亮点。改革开放之初，海盐县人民政府规划南北湖风景区，陈从周先生曾为规划，西涧草堂得到重修保护。九十年代初，我应邀去海盐讲课并参观张元济图书馆，归途专程去参观西涧草堂，曾携去《浙江藏书家藏书楼》一册，写了几句话置于草堂书楼原藏书处。

十多年后的新世纪某年，我参加在南北湖召开的一个会议，一早独自一人再访书楼，看到我当年赠予书楼的一册书已然不在。我心中暗喜，书有人看，毕竟是件好事。此次我发现楼下多了一所亭子，名为"定亭"，看门的人悄悄告诉我：陈从周先生的夫人名蒋定，她的骨灰就安葬在亭下。我相信，回归故里（蒋光焴的先人本是海盐吴叙桥蒋家村人，乾隆中迁海宁硖石聚族而居），是最好的归宿。

《浙江藏书家藏书楼》原来只想写成一部通俗读物，但在道静师的指导下，最终写成一部学术著作。我一直以为没有道静师的指导我是没有这部书的。

书稿成，道静师抱病为作长序，序写好后以至无力执笔写信，只在稿纸上写了几个字"因甚疲困，不写信了"。书名是请杭大读书时的夏承焘老师题写的，老人家时亦患病，后来是我和陆坚师兄委托师母吴无闻先生在夏老健康允许时执笔题写的。

《浙江藏书家藏书楼》出版后，道静师特地给我写了封信，要我将书分寄在上海的蔡尚思、周子美、郑逸梅、陈从周、黄裳诸位前辈，要我听听他们的意见，为尔后修订做些准备工作，信中还附来他们寓所的详细地址。当然我也不忘给蒋雨田先生寄了书，他不仅和陈从周先生一样提供资料，还在我写蒋光煦那节的原稿上仔细修改过，使史料更为翔实。我知道这几位老先生年事已高，不忍去打扰他们，何况除郑逸梅先生外，都给我写了回信。回信中以蔡尚思先生的信最长，除了鼓励，还特别告诉我，将来如果修订要加强藏书楼作用的论述，指出藏书楼在学术发展中的作用。后来我撰《浙江藏书史》，特别强调这方面的内容，专门写了一章五节。周子美先生因别的事我去拜访过，老人已经九十三岁了，身体十分硬朗，他是华师大的退休教授，还有个身份更使我崇敬——湖州嘉业堂藏书楼第一代编目部主任。谈话结束，老人要我等一下，在书橱里翻了一会儿，找出两页横格十行纸手写的材料，一定要送给我，并说：这是早年写的一份宁波蔡氏墨海楼的材料，现在送给你，将来你写《浙江藏书全史》时可能有用。

我的这部书初版于 1987 年，印了两千册，三年后的 1990 年又重印了两千册，在学术著作印数不多的情况下，这个数字差足自慰，但我知道这与南京大学徐雁教授的推介是分不开的。20 世纪八十年代起，出现了传统藏书楼研究热，且不断在升温，其中徐雁算是一个。后来我读到他的大著《中国历史藏书论著读本》的著述篇里介绍了我这本《浙江藏书家藏书楼》，颇多美言，其中说到此书是研究地域藏书文化史的第一部，还说什么"考证仔细"等，可能引起了一些藏书爱好者的兴趣，因而在寻觅这本书。

我至少收到二十封来自边远省份的信，来信人素不相识，托我购买我的那本书，言明只要书购到、寄到，即行将书款、邮资寄上云云。我怎么好意思收人家这区区书款？只能赠送，将出版社给我的样书和自己买的一本一本地寄出去，最后只剩下初版本一册和重印本一册自己收藏的了。前几年我院历史所的一位研究员打电话告诉我：你那本书《文汇读书周报》的中缝中有人求售，出价是原书的十倍，你还有吗？找来一看，果有此事，但书已没有了，感到很对不起那位读者，本应送他一本，无奈之下只能装聋作哑了。

还有件事，因为此书，傅璇琮先生主编《中国藏书通史》时，通过我的同事徐辉先生邀约我撰稿，我认真地完成了明代编的任务，并应傅先生之邀对清代一部分作了修订。我还写了一本《文澜阁与四库全书》的专著，应该说也是这本书其中一节的延伸，当然是另下了功夫的。

《浙江藏书家藏书楼》出版后，我特别高兴的是认识了苏州的徐桢基先生。徐先生是大名鼎鼎的晚清湖州皕宋楼主人陆心源的五世玄外孙，属长房陆树藩这一源流。他受母亲的遗命，整理家族史。研究藏书史的人都知道，清光绪三十三年（1907），陆树藩做主将皕宋楼全部藏书售与日本静嘉堂文库。消息传出，中国文化界、藏书界受到极大震动，许多老先生痛心疾首，以至伤心落泪，对陆树藩是一片斥骂，其影响一直到当代。我见到九十年代初浙江省政协多位委员的联署提案，要求有关部门设法与日方联系，赎回这批藏书。徐先生读到我的那本书，就写信给浙江人民出版社，因而我俩建立了联系。对于皕宋楼藏书舰载东去、流入日本的事，我是知道的，写那本书的时候也搜集材料，请教老先生，但还是在迷雾之中。当事人陆树藩背负骂名，但从未见有他本人的声辩和说明。收到徐先生的信，我隐隐地感觉到，这重迷雾可能要散去，皕宋楼藏书东去的谜底有望揭开。从1987年到2007年的这二十年间，徐先生以衰病之身奔走苏沪之间，找到了许多当年的文献（有些文献远在台北），我则在杭州查《申报》，找陆氏谱系，最终在 2007 年他写出了《藏书家陆心源》一书，由我撰写一篇序文公开出版。我那些年写了几篇文章，将这件事的真相逐步适时地告知国内藏书研究者。到 2007 年，也就是皕宋楼藏书去国一百周年之际，湖州召开了一个国际学术讨论会，记得到会的有美国、日本、韩国以及海峡两岸的藏书史研究专家，我宣读了一篇论文揭示真相，基本上解清了皕宋楼事件的迷雾。至今十多年来，对这个问题未闻有什么不同意见。

《浙江藏书家藏书楼》全书不足 24 万字，2006 年我写《浙江藏书史》是 66 万字，2008 年修订《浙江藏书史》时达到 75 万字，2006 年还获得了浙江省人民政府颁发的浙江社科成果二等奖，似乎这本书该画上句号了。但这十来年我在一本自用书上不断地用红笔涂涂改改，感到还有可以增补和修改的地方，有生之年不知能否将这本书改得更好些？

我写这本书的时候已经年过不惑，但抓住了一个机遇，就是有些有真学问的老先生虽历经劫难（胡先生亲口告诉我，"文革"中他被打断了腿发配到里弄倒马桶），但对后辈的请益总是倾囊相授。彼时有的还身份未明，但都热情地帮助过我，胡先生是一位，还有别的几位。这书迟十年写也不行，因为许多老先生太老了，或已作古，随着他们的离去，那些鲜活的材料再也见不到听不到了。

我是幸运的！

2017 年 12 月

陈学文：《中国封建晚期的商品经济》

我个人已出版的学术专著有十部（不包括合著、主编、合编、资料集等），其中第一部是《中国封建晚期的商品经济》，由湖南人民出版社 1989 年出版，二十六万字，印有精装本和平装本。该书属于社会经济史研究范畴。所谓中国封建晚期是指明清时段，中心突出了商品经济的主题。商品经济从经济学概念上说是相对于自然经济的社会经济形态。

　　本书系专题论文集，重点论述明清时期社会经济演化的历程，并不局限于江南，如也有广东佛山的经济结构研究等。这一历史时期，美、日、韩学者多以"近世"称之，是一个转型时期。资本主义萌芽即产生于明中叶以后，今人或称之为早期工业化、近代化因子等，简言之是一个演进、转型中的社会经济形态。研究它需具备经济学基础和历史学涵养，对此，我自然感到力不从心，困难不小。我在大学时代已喜欢明清史和中国经济史，经济学多请教吴大琨教授，明清史请教张维华、郑鹤声教授，方法论多请教赵俪生、王仲荦教授。集诸家之长，积三十年之力，陆续对明清史各个专题进行研究，本书就是多年专题研究的结集。

书出版后颇受学界重视（如 1992 年湖南省颁给"优秀图书奖"[1988—1990]；1995 年中国商业史学会颁给"优秀论著奖"等），并很快流布海内外。日韩及台湾地区学者素重实证，他们认为这本书运用了许多珍贵、重要的史料，有些乃是首次披露的珍、善、抄、孤、秘本的史料。如万历年间的许敦俅《敬所笔记》，世无刻本，仅有民国十年的手抄本，国内亦仅此一孤本，收藏于一个小图书馆，未为人知，是作者第一次发现，它却反映了明中叶的社会、经济、文化，尤以世风演变的记载最为可贵。披露后，日、韩及港台地区学者纷纷引用。

此外，明万历周文焕、周文炜所编《新刻天下四民便览》是稀见明代日用类书，日本酒井忠夫监修《中国日用类书集成》，平成十一年（1999）汲古书院刊印，巨帙浩繁，是极为珍贵的类书集成，也是研究中国社会、经济、文化、风尚、民情的必读之书，却未收入周氏编的《四民便览》。此外还有一些珍稀明清方志、笔记、文集等。

凡有关地方文史资料，作者大都实地调查访问以验证，如书中《石门镇的榨油业》一文，作者在 1985 年 11 月 12 日经实地调查，在桐乡屠甸镇一个油坊旧址中发现一块榨油石槽，经实物科学测量计算，与万历十七年（1589）贺灿然《石门镇彰宪亭碑记》所记的榨油坊情状完全相符，并与油坊主毛乐庐、李锦春等人面谈加以证实。实地调查时，还在桐乡一个河埠头发现了张履祥的墓碑。

研究史学尤应重视田野调查，在江南吴江盛泽、王江泾、石门、南浔、双林等地都留下了我的多次足迹，亦多次陪同日本学者滨岛郭俊、森正夫、伊原弘介等调查访问江南诸地，获得许多感性资料。此外，书中如《万历起居注》、嘉靖《浒墅关志》、隆庆《长洲县志》、弘治《嘉兴府志》、正德《桐乡县志》、万历《崇德县志》《新刻士商要览》、《新安左田黄氏族谱》（嘉靖三十七年刻本），以及明代《田契三纸》《碑文五件》，都是难得的珍稀史料，许多还是第一次向世人披露。

本书出版已经三十多年了，曾为本书出版助力的许多人与事仍历历在目，感慨良多。

在八十年代，要出版一部纯学术论著简直难于上青天，出书已与市场挂钩，学术书读者面狭，印数不多，出版社不愿赔本，须由作者提供出版补贴，更别说没有稿酬了。我联系了三四家出版社，均因补贴费问题而未成。后来联系了湖南人民出版社，责编易孟醇让我先寄书稿给他看看。易先生与我素昧平生，但从职业责任感出发，接到书稿后很快就来信，认为内容很好，值得出版。经他努力，出版社以保本而不赚钱为代价，稍收一些补贴费。我只好自己拿出一笔生活费，又向单位申请了一点课题费，省民政厅以本书有论述城镇建设内容为由也补贴了一些，但所需费用离社方要求仍有缺口。这时我的好友朱海雷（旅居比利时）和学生曾宪光（企业家）得悉后，慷慨解囊，凑足补贴费。

易孟醇先生很高兴，并很快审编了本书，印行后得到国内外学界的好评。这自然与易先生及有关单位、朋友的帮助分不开。所以我至今一看到这本书，就会情不自禁地忆起当年这些情景。

2017 年 10 月 18 日于杭州西湖

胡宗刚：《静生生物调查所史稿》

静生生物调查所史稿

HISTORICAL MANUSCRIPT OF FAN MEMORIAL INSTITUTE OF BIOLOGY

胡宗刚 著

山东教育出版社

《静生生物调查所史稿》乃本人第一本书。该书起始于 1997 年，杀青于 2002 年，出版于 2005 年，历时九年方得修成正果，真可谓凡事开头难。

　　我供职于庐山植物园，1997 年春节刚过，得主任王永高先生同意，以公差名义前往南京中国第二历史档案馆查阅有关庐山植物园的历史档案。早在九十年代初期，我购得《南京第二历史档案馆馆藏简明目录》一册，知其中有静生生物调查所档案，而庐山植物园在1949 年之前隶属于静生所，以为其中一定有关于庐山植物园的内容。其时，关于庐山植物园的历史已有人研究，并在报刊上发表专文；但其文没有利用档案史料，对历史记述有不少盲点，故我甚愿前往南京一睹究竟，若干年后才获得机会。

1997 年，我在庐山植物园服务已十八年之久，在图书室任助理馆员，雅爱文史，自修十余年，但独学无友，也未形成所谓研究方向，很是苦闷。为查阅第二历史档案馆档案，曾向几任园主任提出申请，均未得到许可。终于遇见一位开明的领导，很是幸运，此等机会对我而言亦很是重要，让我能走上研究中国近现代生物学史之路。

抵达南京当天下午即前往中山东路的档案馆，出示介绍信。阅览室负责人对查档之目的，反复询问，因目的正当，同意调卷阅读。按阅览规定，只能抄写，不能复印，且只能使用档案馆之纸张，每张收费 1 元；而调档每卷收费 5 元。我在二档馆工作四天，以庐山植物园为范围，抄得两万余字，其内容均鲜为人知。最后一天是周五，在下班前匆匆结束，并支付所发生的一切费用。记得当我走出档案馆时，信心满满，以为所获材料足可撰写一长文，投《中国科技史料》，应该适宜。在此之前，我并未在该刊发表过文章。

庐山植物园成立于 1934 年，当时名之为庐山森林植物园，经中国著名植物学家胡先骕提议，由静生所与江西省农业院合办。既然静生所档案中有关于植物园的内容，那么另一主管机构江西省农业院亦应有相关内容。返回庐山后，向领导汇报南京所获，并提出往南昌江西省档案馆查阅请示。庐山距南昌较近，费用无多，又得同意。大约在四月间，在南昌三经路江西省档案馆查阅三天，进一步获得鲜为人知的材料。

对两处所得档案资料予以整理，夏日写出《胡先骕与庐山森林植物园创建始末》一文，即投《中国科技史料》。时任编辑部主任赵慧芝先生，著有《任鸿隽年谱》。任鸿隽曾为中华教育文化基金董事会干事长，静生所为该基金会事业之一。由于庐山植物园与中基会也有关联，拙文获得赵慧芝先生青睐，准予接受。秋间又写《从庐山森林植物园到庐山植物园》，也投《史料》。前文很快刊登于是年年底第四期，后文也在翌年第一期发表。

两篇长文刊出后，得到庐山植物园领导认可，但其影响还是有限，一是自己不善于推销自己，在庐山植物园内也不被认为是学术成绩，二是《史料》读者甚少，外界几乎没人注意。不过这也是必然，自知还需作更大努力，何不将研究范围扩大，由庐山森林植物园扩大至静生生物调查所，那么需要再往第二历史档案馆，查阅中华教育文化基金董事会档案。

　　静生所在1949年后演变成为中国科学院植物研究所。1998年，该所成立七十周年，出版《纪念文集》，读后获悉其记述历史甚少，遂做出若写静生所历史也许可得该所支持之判断。为探明是否可以写成《静生所史稿》一书，得再赴第二历史档案馆，以便占有更多材料。又商之于庐山植物园主任王永高先生，勉强得到同意，遂于1998年11月间再往南京，以两周时间，在二档馆将静生所档案全部看完，并查阅部分中基会档案，抄录约10万字，主要是胡先骕与任鸿隽之间来往书信和会议记录之类。如此之多胡先骕书信，除可撰写《静生生物调查所史稿》，还可编纂一部《胡先骕年谱》，当即做出这个计划。

　　1999年春，再次向王永高先生请求赴北京搜寻资料，也获同意。在三里河中科院院部档案处，获得1949年静生所被中科院接收的档案。在香山中科院植物所人事处，查到胡先骕、秦仁昌个人档案；在办公室文书档案中，查到一些庐山植物园工作站材料。有此新材料，更加深了我撰写《史稿》一书的底气。

　　2000年4月底，庐山植物园决定布置一间园史展览室，因本人致力于此，遂被派往北京向胡先骕、秦仁昌等后人搜集材料。在北京期间，鼓足勇气，往植物所，向副所长傅德志先生呈上在《史料》杂志发表的两篇长文之单行本，并提出撰写《史稿》一书，请求予以支持。当即得其爽快同意，出乎我意料。该所所长韩兴国先生，对其所历史也十分重视，遂在所长基金中划出两万元，作为研究经费，予以支持。

植物所给予两万元，不仅解决了迫在眉睫的出差经费问题，更是道义支持，使我在庐山植物园得以立足。有此经费，当年中秋之后，先赴北京，在植物所从容查阅一周。在人事处，将静生所人员档案均查阅一遍，除胡先骕、秦仁昌之外，还有俞德浚、唐进、汪发缵、钱崇澍等；在科技档案中，复印大量胡先骕外文书信，在图书馆复印另外一些资料，并得到一册《忏庵诗稿》；在中国林业科学院查到郑万钧、陈嵘、张英伯等人档案。返回之后，陆续写出一些文章，在报刊上发表。

2001年夏，作西南之行，首途武汉，在中科院武汉植物研究所查阅傅书遐、吕烈英档案；随后往昆明，在中科院昆明植物所查到蔡希陶、冯国楣、唐燿人事档案；后到中科院昆明动物所得到彭鸿绶档案；在查阅云南省档案馆所藏云南省教育厅档案时，其中有云南省教育厅与静生所合办云南农林植物研究所的文件。转至成都，在四川大学拜访方文培之子方明渊先生，得其提供其父之材料；在四川省档案馆查到乐山木材试验馆档案。最后到重庆，在市档案馆获得西部科学院档案中胡先骕、秉志、任鸿隽之一批书信；在西南师范大学见到百岁老人戴蕃瑨先生。

此行收获甚多，书稿已成竹在胸，再写多篇不同类型文章，向多家报刊投稿，大多刊载出来，大大满足了我的发表欲；或作为论文，多次报名参加全国性科学史会议。随后，将这些文章以一本书的体例串联起来，并补充一些内容，即成为一部《史稿》，并将其打印成册。

2002 年，赴北京参加"中国科学史国际学术讨论会"时，结识中国社会科学院近代史研究所李学通先生，当其获悉我有这样一部书稿在谋求出版，即向中科院自然科学史研究所张柏春先生推荐，经中科院科技政策与管理科学研究所之樊洪业先生和中国科学院生命科学与生物技术局之薛攀皋先生审稿，得以纳入由张柏春、王扬宗所主持"中国近现代科学技术史研究丛书"之中。

第二年春，我又来北京，正式交稿，并希望在该套丛书中第一批出版。是时北京暴发非典，全城人心恍惚。疫情虽然为时不久，但有些工作还是受到影响，丛书组稿即被搁置了一段时间，第一批书没有在预定时间推出。该丛书由山东教育出版社出版，我当时太需要一本书来证明自己的学术成绩，但出版一再延期，曾多次催问，还专程到济南拜访出版社，最终，《史稿》在2005年10月迟迟面世。

附记

《温州读书报》约请本人为"我的第一本书"栏目撰写一文，自以为应当按范例行文，即有以上记述。但准确地讲，《史稿》只是我撰写的第一本书，并不是出版的第一本书。事实上出版的第一本书是《不该遗忘的胡先骕》，2004年8月，出版人刘硕良先生在北京为长江文艺出版社编辑"背影丛书"，得谢泳先生推荐，约请我撰写一部胡先骕传记。由于我已撰写完成《史稿》，并在编纂《胡先骕年谱》，资料基本完备，即穷两月之力完成，后于 2005 年 5 月出版,早于《史稿》。《胡先骕先生年谱长编》得江西出版人张国功先生援手,于 2008 年由江西教育出版社刊行。今得卢先生约稿,本想以"我的第一个研究课题"为题也许更加贴切,但又不可离题漫议,仅在文末附记一笔。

2018 年 4 月

周实：《剪影》

《温州读书报》约我写我的第一本书。于我来说，这个题目还真是一个问题。20 世纪九十年代，我曾与人合作写过《刘伯温》三部曲、《李白》三部曲，还化名为书商写过爱情小说、武侠小说等，但我以自己的本名一个人出版的第一本书是诗集《剪影》。

　　这本书是湖南文艺出版社出的，时间是 2000 年。湖南文艺社之所以愿意出是因为社里当时有个决定：凡是在湖南文艺社工作超过十年的编辑可以给个书号出本书。而那时，我虽然离开文艺社调到出版局创办《书屋》已经五年，但我确实曾在湖南文艺工作过十年，从一九八五年到一九九五年，并曾在社里担任过《芙蓉》编辑部副主任、文化艺术室主任、小说室主任、副社长等职。因此，社里碍于面子，还是给了我一个书号。书号有了，出什么呢？当时手里只有一些平时记在本子上的分行句子，我不敢把它们叫作诗，但又只能把它们叫作诗。其中有的摘出来发表过，大部分都未发表。想想，就出它吧，也算没白写。于是，就把内容相近的编进同一个章节里，取上"关于诗""雨""夜""我""你""他"等题目，然后再在章节下面标出一、二、三、四、五……

那是一些什么诗呢？请看我的"关于诗"吧：

随着几缕香烟的飘起/烦躁的灵魂安静下来//多少话憋在心里/能说也很难说出口来//就像麻绳在颈上绞着/就像开水在灶上烧着/就像深潭在山里睡着/潭里的鱼儿却莫名地惊慌//这时，真是需要香烟/需要它温柔无声的劝慰。

常常，有很多话/想说，又无处说/久了，也就无话可说//常常，有很多事/想做，又无法做/久了，也就无事可做//常常，抱有一种希望/久了，一切皆成幻像。

不知有多少辞汇/在心窝里丢失了/就像江水/在眼前流过//不知有多少心情/在时空中消逝了/就

像浮云/在头上飘过//留下的/唯有这副躯壳/临风独立/日晒雨淋。

述说人生的故事/不知有几多几多/就像一个漩涡/套着另一个漩涡//故事随波而去/沉入深深的河底/就像一颗卵石/挨着另一颗卵石//卵石挨着卵石/铺成宽宽的河床/人生这条大河/流向无言的远方。

总是只有这么几句/很难凑成一首诗/总是没有一块时间/托着下巴想想诗//这么几句能算诗吗/不算又有什么关系/天上的星星零零散散/谁会说它毫不稀奇。

这就是我对诗的感受，我就是基于这样的感受来写我的所谓诗。

比如"雨"：你看过雨中的飞鸟吗/从东至西，一闪而过/就像一粒漆黑的石子/从孩子手中顽皮地弹出//就像一颗白昼的流星//就像流星是那夜空/被突然射杀的一只鸟。

比如"夜"：阒寂无声/真可怕/我陷入了一条漆黑的巷道//向前，空气凝滞了/往后，风也正僵化//放开嗓门喊一声/话在心头被消掉//寂寥，寂寥，寂寥//不敢想一声鸟叫//哪怕有张小门/吱呀一声也好。

比如"树"：不知是互相喜欢/还是互相折磨/这土地，这树/生存在一起//一个那么瘦/一个那么弱//瘦弱的土地瘦弱的树/为什么偏偏在一起呢//为什么偏偏没有例外。

比如"我"：在这灵气飞扬的世界/我只是一块普通的顽石/既不能让人摸起来舒服/又没有丝毫观赏价值//我只能歪在大路边上/踩我的脚有千只万只/不管是有意还是无意/我倒一点也不在意//有时，我也曾这么想/我可能进那精品屋吗/如果这世上有一个人/能把我掂在手上试试。

比如"你"：孤独的时候/你端起酒杯/你说——/酒能使孤独发出声音//有声的孤独/比无声的孤独/总要好那么一点点//一点点/是"——咕——噜——"/是酒滑过喉结的响声。

比如"他"：他要向上爬了/却没有落脚的地方/茫然四下环顾/只有朋友的肩膀//（敌人的肩膀踩得着吗/敌人的肩膀会让他踩吗）/能踩的只有朋友的肩膀/朋友的肩膀多好踩呀//他使劲踩着朋友的肩膀/一点一点向上爬/向上一点，蹬掉一个/蹬掉一个，向上一点//随着最后一位朋友/最后一声凄厉的惨叫/他终于爬上了最高点//世间万物包括山鹰/全都矮在了他的脚下/他站在仅能立一只脚的/梭镖一样的悬崖上。

好了，好了，说得够多了，这就是我的第一本书，这就是我当时写的诗。这些诗写于 20 世纪八九十年代，现在来看，已经老掉牙了，可在当时，我却真的"从未想过/歌也会老//以前那么悠扬/如今这样沙哑//依旧这台唱机/依旧这张光碟/依旧一个听歌的人//不依旧的/是这歌声/是这与歌同老的人"。

2018 年 7 月

余凤高：《弗洛伊德、螺蠃及其它》

20 世纪 50 年代是中苏关系的蜜月期。我在 1952 年进杭州六和塔旁月轮山上的浙江师范学院时，同学们不但课外阅读的大多是俄罗斯和苏联文学，就是交谈的口头语，也都是"一边倒""苏联老大哥""苏联的今天就是我们的明天"等。那时，我们这些中文专业的学生，谁若是能背伊萨可夫斯基的诗，唱《三套马车》《喀秋莎》，甚至还会用俄语唱几句，那就足以在任何人面前骄傲一番了。

自然，要学习苏联，首先得学习苏联人的语言——俄语。于是，学俄语就像一阵风似的在校园中掀起。结果是数百人在大礼堂"选修"俄语课。开始，大家都热情而有信心，但是慢慢地，这热情和信心就大大下降了，因为俄语字母中的一个卷舌音 P，很多人怎么也不能使舌尖打滚。于是便一个个地退出，最后只剩二三十人；后来，这选修课就索性不开了。

我算是坚持下来的，自己买来一本王语今等编的《俄华大词典》和俄语语法书，开始自学，每天下午下课后，都去慎思堂楼上的阅览室，找《苏联画报》《苏联妇女》等配有俄语的中文杂志，对照阅读。我甚至在毕业分配到杭州的中学教语文时，仍旧继续学习，还不知天高地厚地从苏联的报纸杂志上翻译一些短文投寄《当代日报》《杭州日报》《浙江日报》和《文汇报》去发表。

一次，我从杭州市中苏友好协会的阅览室里看到苏联 1953 年 12 月号的《少先队员》（Пионеры）杂志上有女作家阿·巴尔托写的电影剧本《阿辽沙锻炼性格》。这本书的同名电影，不久前我看过，很喜欢。于是，我就一点一点地将这个剧本翻译出来，寄给了浙江人民出版社。很快出版社就给我回信，大意是某某同志，译稿收到，经研究，同意出版。

当时我住的是学校集体宿舍，周围都是同单位的教师，无形中互相就有了一种监督的关系，无论做什么事，都有人汇报给领导。因为领导开大会时宣布，向他汇报同事们的情况，是要求进步的表现，也是对大家的关心和爱护，便于领导及时地帮助同志。在这样的环境里，我晚上当然是先备好课和批改好作业，然后才写作或翻译。通常都不敢离开房间半步，实在想外出看场电影，也是踮着脚尖悄悄溜出，且仍开着房门，不关灯，装作依然在工作，让人觉得我此刻不在，仅是去上厕即刻便会回来的样子。

但这样也仍躲不过厄运的降临。就当我天天都在等待译作出版的时候，一天，我突然接到浙江人民出版社的退稿。除了无理由退回译稿外，对我的称呼也不再是同志，而改称"先生"了。

那时的习惯，大家都互称同志，只对从国民党时代留用下来领保留工资的人称先生。于是，当我看到称我"先生"的时候，觉得受到了侮辱，并立即意识到我被人出卖了。我猜想，这是因为我出生在"被杀、关、管"的家庭，所以不被认为是"革命同志"，而档案材料只有领导掌握，定是领导与出版社联系了，才取消了我出书的资格。而领导知道我有书稿寄到出版社，则是因为一个我认为很友好的同事出卖了我。

忧郁了很多天，默默忍受着。过了一段时间，也许是出于人性天然的挣扎，我又把这部译稿偷偷寄到北京的中国电影出版社，心中暗暗祈祷，愿译稿的命运有所转机。

　　一天过去了，两天过去了，半个月过去了，甚至差不多过了一个月，我想是没有希望了。曾考虑写封信去问一下，又觉得不好意思。正在犹豫之中，我突然收到一个包裹。我以为是苏联寄来的，因为当时我经常和莫斯科广播电台通讯，他们常给我寄赠俄罗斯画家名画的复制品。但是看邮包上的字，不是苏联寄来的，而是北京。我的心怦怦在跳，我迅速拆开包裹，天哪！真是我的译作《阿辽沙锻炼性格》，共有十册，兴奋之情简直无法形容。两天后，我还收到中国电影出版社汇来的数百元稿费。这真是一笔巨款！因为我当时的工资只有50元。当同事说祝贺我，要我请他们吃饭时，我便慨然带着他们去了饭店，而没有想过这些人中是否还有告密者。

　　看来，仍然是吃了我的却又害我的人向领导汇报了情况。半个多月后，我接到当地报纸的一份退稿信。不知是偶然还是编辑有意为之，在信中，我见到有一张所谓的"审稿单"，主要内容包括文章题目、作者笔名、真实姓名、作者单位、责任编辑、单位意见，主编签字，等等。在我这张"审稿单"上，责任编辑一栏写了"同意发表"，并签有他的姓名，最后的主编栏上签的是"不发"。而最关键的"单位意见"一栏，写的是"以不发为宜"，并盖有我校党支部的公章。

《阿辽沙锻炼性格》虽然是我的第一本书，但毕竟不是我的著作。我写的第一本书要到1981年才出版。

1965年，我被安排和同单位的几个老师一起去余杭县一个公社参加"社会主义教育"即"四清"工作，与贫下中农同吃同住同劳动，改造自己的思想。几个月后，又突然让我们立即回校参加运动。在这次运动中，我因为家庭出身的问题，屡屡受到批判和斗争。但到了后期，批判我的人已经忙得没时间来对付我了，因此，我也就变成了"逍遥派"。

一段时间后，本来只有毛泽东和鲁迅著作的浙江图书馆开始放宽了自然科学书籍的阅览，同时开始展示自然科学的中外文杂志。无聊中，我也去图书馆随意翻阅这些书刊。

那时我从"纯自然科学"的开架杂志中发现有一种封面署名 JAMA 的外文刊物，即《美国医学学会杂志》，竟然载有医学史文章。我又倒回去看前几期的杂志，最后发现这册周刊从 1960 年开始，每期都有一篇由不署名的编辑写的文章，介绍历史上著名医学家生平和医学史事件，虽容量大致只有两三页，但都很有趣。

当我第一次看到这样的文章时，我的心竟怦怦跳个不停。我庆贺自己像一个强盗，在一处深山的洞穴里发现一堆宝物，若不快些动手，怕会被别的强盗抢走。于是从这天开始，除了图书馆休息日，我几乎每天都无例外地带一本郑易里编的小三十二开的《英华大词典》，随时将文章内容摘下，所有的引文也都全文抄下来。后来我发现，除了 JAMA，还有 BMJ（《英国医学杂志》）、Lancet（《柳叶刀》）、《新英格兰医学杂志》等医学刊物也不时发表医学史的文章，尤其是英国《皇家医学会会刊》，此类文章最多。

那段时间在阅读鲁迅的著作时，我发现鲁迅的杂文中经常运用医学史或科学史上的事例，作为他说理时的科学依据或比喻。如他在《热风·题记》中用白细胞杀灭病菌来比喻"凡对于时弊的攻击，文字须与时弊同时灭亡"；在《且介亭杂文·中国语文的新生》中，以英国医生哈维发现人体的血液循环，监管屡遭攻击，最后仍然被世界所接受，来说明改革一定会胜利；在《呐喊·自序》中以"日本的维新是大半发端于西方的医学"来说明在当时的中国，"要救国，只有维新；要维新，只有学外国"。此外，再如鲁迅在《伪自由书·止哭文学》中举天文学史上伽利略的"日心说"和生物学史上达尔文的进化论的确立，证明真理不怕攻击；在《坟·寡妇主义》中举著名的俄国女数学家科瓦列夫斯基的感情升华，来阐明解放人性、普及性教育的重要，等等。

只是多数读者可能不熟悉鲁迅所说的这些医学史和科学史的史实，而我阅读和收集的笔记，对这些都有详尽的描述。我想，何不据此写一些诠释性的文章呢？于是，我就开始做这样的尝试：对鲁迅每一篇引用了医学史事例的杂文，先是介绍其写作背景，然后指出鲁迅将医学和自然科学史上的这些事例应用于杂文中，使文章的思想性、科学性和艺术性有机地结合起来，具有独特的风格。当然，由于当时知识传播的局限性，鲁迅也有失误的地方，如他在《热风·随感录三十三》中谈医生喝下霍乱菌进行的实验，在史实的叙述上就有错处。

为了检验我的这些文章有没有意义，我将稿子寄到刚成立不久的北京鲁迅博物馆，请那里的专家批评和指

184

教。不想立即收到回复，说这些文章很有意义，决定在他们出版的《鲁迅研究资料》上陆续发表。

后来，当我写出十多万字这类文章后，见报上说湖南人民出版社成立了一个鲁迅研究编辑室，并一直在出版有关鲁迅的研究著作。我就将这些稿子寄给了他们。很快，我收到回信，说同意出版。于是，我撰写的第一本书于 1981 年顺利出版，书名是出版社给取的，叫《弗洛伊德、蝾螈及其它——鲁迅著作中的自然科学史知识》。

后来，我进入浙江省社会科学院从事专业研究工作，曾多次碰到当时负责湖南人民出版社鲁迅研究编辑室的朱正先生，朱正先生提起当时收到我的书稿和决定出版的趣事。2015 年，朱正先生在接受《羊城晚报》采访时，还饶有兴趣地谈起他那段时间的工作："这个编辑室在两年多的时间里，出版了十多种有关鲁迅研究的书籍，重要的有冯雪峰的《鲁迅的文学道路》、孙用的《鲁迅全集校读记》、李霁野的《鲁迅先生与未名社》、余凤高的《弗洛伊德、蝾螈及其它》、多人的回忆文集《我心中的鲁迅》以及《鲁迅研究百题》《纪念鲁迅诞生一百周年学术讨论会论文集》《鲁迅诞辰百年纪念集》等等这些书。"

在当时，我的《弗洛伊德、蝶赢及其它》明显有史实不够翔实和说理上"左"的倾向。后来我做了材料的补充和篇目的增加，写成《鲁迅杂文的医学文化》一书，于2014年由漓江出版社出版。

2018年9月

黄鸿森：《百科全书编纂求索》

百科全书编纂求索

黄鸿森　著

中国大百科全书出版社

我的第一本书是《百科全书编纂求索》，中国大百科全书出版社 1994 年出版。这是我在参加编辑《中国大百科全书》过程中陆续写下的文章结集，收文 45 篇，凡 19 万字，分为三部分：百科全书编纂中的若干问题；百科全书读稿拾零；百科全书评介。因为是职务之作，还得从我的职业说起。

　　在改革开放时代到来之前，中国还没有出版过百科全书，我指的是现代大型综合性百科全书。近代欧风东渐，西方的百科全书也传入中国，华夏知识精英为之心动，希望编出中国自己的百科全书，几经努力，均未成功。正所谓：回首前贤，百年百科梦。

　　"文革"结束后，翻译家、中央编译局副局长姜椿芳先生于 1978 年 1 月在中国社会科学院的《情况和建议》第二期发表了《关于编辑出版〈中国大百科全书〉的建议》，引起广泛反响。随之，中国科学院、中国社会科学院、国家出版事业管理局联署写了《请示报告》，呈报中共中央建议编辑出版《中国大百科全书》，经商定由中央主持意识形态工作的胡乔木担任中国大百科全书总编辑委员会主任，建立中国大百科全书出版社，由姜椿芳、朱语今、曾彦修主持筹备（姜氏后任总编辑）。中共中央于1978年5月28日批准《请示报告》，国务院于同年11月18日颁发文件，中国大百科全书出版社正式成立。

"文革"之前，我在北京编译社当翻译，"文革"中，单位被撤销，人员参加运动，后下放劳动。"四人帮"粉碎后，我无单位可回，北京市人事局准许自找工作。

我托朋友推荐，向中国大百科全书出版社求职。出版社负责罗致人才工作的副总编辑阎明复先生约见，交谈后一锤定音："下定决心来参加百科全书事业，别的部门不要再去联系了。"这样一谈成功，我猜想大概是因为简历中列有我翻译的《世界通史》《古巴地理》《近代史（第二卷）》等十几种出版物，当然还要加上推荐者的"说项"。

求职成功，喜悦莫名。高兴的是，"文革"以来，十三年蹉跎岁月宣告结束；尤其是 1950 年代自己曾经参加翻译《苏联百科辞典》，参考过《苏联大百科全书》，知道那是文化的宝库、知识的圣殿，期望我国也能编出百科全书，不想期望竟成现实，居然还能亲与盛事，去当一个百科编辑学徒。

1979 年 6 月我刚到出版社报到，就上前线，被分配参加《中国大百科全书》首卷《天文学》的编辑工作。编辑部以特约编辑的名义，聘请了几位天文学家担任学科编辑，和我们共同编书。同我搭配合作编书的是南京大学天文系教师宣焕灿先生，在专业上可以随时请益。我们共同审读条目释文，他主要在天文学上把关，我侧重于百科体例和文字表述上打磨，彼此切磋砥砺，颇著成效。在这段时间，我写了关于百科全书编纂的第一篇文章。现在说说写作情况。

我早年读过点逻辑学著作，略知下定义是有规则的。译《苏联百科辞典》条目时，还没有"释义（定义）是辞书的灵魂"的观念，但对定义总是认真对待，力求准确表述。在编《天文学》卷过程中，我发现有些条目的定义写得不够理想（初次编百科全书，也是难免的），存在一些与逻辑学和百科体例上对定义的要求不甚符合的情况，于是起草了一篇题为《百科全书的定义和定性叙述》提出改进意见。写好初稿，即请宣焕灿先生过目，改正涉及天文学内容的疏失。

当时，总编辑姜椿芳先生和副总编辑阎明复先生非常重视百科全书学术研究，多次号召百科同仁大力编好百科全书，行有余力，还要写点文章，探索编纂理论，评介中外百科，总结实践经验，交流编书心得。社里创办了内部刊物《探索》作为同仁园地。1980 年 5 月出版的《探索》创刊号，就刊登了上述拙作。

上海辞书出版社出版的《辞书研究》是国内唯一的辞书学学术期刊，得知《中国大百科全书》首卷《天文学》即将出版，便约请姜椿芳总编辑组织一宗稿件以便刊载，为这艘辞书航母启碇出航庆贺。1980 年 12 月，《天文学》问世。《辞书研究》1980 年第四辑同月出版，在"大百科全书特辑"上刊出四篇文章：姜椿芳的《中国第一部百科全书》，于光远的《编好百科全书的几个问题》，金常政的《百科全书三题》，黄鸿森的《定义和定性叙述》；同时刊布四篇试写条：杨宪益的《荷马》，钱仲联的《韩愈》，季羡林的《罗摩衍那》，任江平的《地球自转》。我读后，愧喜交集。惭愧的是拙文水平有限，未免滥竽；欣喜的是，自1951年在天津《进步日报》发表过两篇文章之后，三十年来未为报刊撰稿，只是译些书稿。而今年届耳顺，居然还可作文，不免感到欣幸。

椿芳先生的鼓励，我自当引为鞭策。从此，在编辑《中国大百科全书》过程中，有所见、有所闻、有所思、有所疑、有所议的时候，就做点资料积累工作，或做笔记，或做卡片。当某一事项或某一问题思考成就且资料充分时就着手整理成文，不外乎写论文、随笔、书评。稿件往往先在内部刊物《探讨》刊载，再寄报刊公开发表。编纂研究文章大多投给《辞书研究》和《编辑之友》，评介文章则投给《人民日报》《百科知识》《中国图书评论》等处。

我对百科全书编纂中的若干环节，如定义和定性叙述、条目、标题、参见体系、检索渠道、交叉重复、历法纪年等问题逐一作了初步探讨。

我读了一些学科卷的条目表，觉得一些条目标题还不很妥当。问题在哪里？还得向国外百科全书请教，毕竟人家有经验。我随机抽查了《不列颠百科全书》第十五版和《苏联大百科全书》第二版，各联系五百个条目标题，研究它们的词义、词性和构词方式。发现两种百科全书主要收两类条目：术语和专名。从而草成《百科全书的条目标题》一文，提出五性和七忌。五性是：名词性、检索性、简明性、概括性、单义性；七忌是：忌雷同、忌冗长、忌戴帽、忌水分、忌附件、忌混合、忌空格；各举实例说明。我对这两种国外百科全书的条目标题的结构做了统计，一个词的都占 60% 左右，两个词的都占 30% 左右，两者合计不低于 90%，所以相当简明。此文在出版社内刊《探讨》刊出后，即被《军事》卷编辑部内刊《军事卷通讯》转载。在《辞书研究》发表后，为《辞书学辞典》（学林出版社 1992 年版）改写成"条头设计"条目。

至于"读稿拾零"部分，是用随笔体裁写读稿引起的想法。例如大科学家牛顿的生年有 1642 年和 1643 年两种说法，前者是按旧历，后者是按新历，两种说法都对。旧历是指儒略历，新历是指格雷果里历（即格里历），我就循此介绍西方历法变迁的历史，写成一则历法知识小品。

1993 年 8 月，历时十五年之久的《中国大百科全书》74 卷全部出齐，全书 1.3 亿字，收条目 78 022 条，图片 6.3 万幅。《人民日报》赞为"铸就中华文化丰碑"。

此时，我觉得自己的百科全书编纂研究工作也应告一段落。整理积稿，中国大百科全书出版社于 1994 年给我出版了《百科全书编纂求索》，成为我的第一本书。书出版后，承黄燕君先生在《辞书研究》1996 年第 4 期发表书评《一份不可多得的百科全书编纂研究文献——介绍〈百科全书编纂求索〉》，得到肯定的评价。

大百科全书出版社是我的安身立命之地，多年工作铸成我的百科心结。离休后，又应邀返聘服役十五年，继续探索辞书编纂事宜，出版了《回顾和前瞻——百科全书编纂思考》（西藏人民出版社，2008）、《当代辞书过眼录》（商务印书馆，2013）两种文集。此是后话。

2018 年 10 月 12 日写完，时年九十八岁

冯峥：《钓鲨女》

我的第一本书，是短篇小说集《钓鲨女》，1986年12月由花城出版社出版。

"文化大革命"后，文坛凋零，广东省作家协会为繁荣文艺创作，从1984年起编了一套《越秀丛书》，选编广东省中青年作家的作品，个人结集，陆续出版。我的《钓鲨女》编入了第二辑。

在我们这个小地方，《钓鲨女》是有史以来第一本由国家出版社正式出版的个人著作。不但不用像现在"合作出版"，还有千多元稿费。那年代，千多元是什么概念？我去邮局领稿费时，那警惕性很高的女营业员不但不肯兑款，还报了警，惹得好多人围观。直到宣传部一位科长碰巧来寄信，才给我解了围。

这本书的出版，改变了我的人生命运。那时，在

《越秀丛书》的十多名中青年作家中，只有我还是一个在农村务农的农民（书出版时已在一个渔港当民办教师）。郑莹老师在序言中介绍我"是广东省阳江县渔民小学民办教师，曾当过渔民、盐工、农民、农村生产队干部"。《钓鲨女》出版不久，我因此调入县文化馆工作，后又参加省作家协会，踏入文坛第一步。

《钓鲨女》共收入我14个中短篇小说，分为两辑，上辑9篇是渔民生活题材，下辑5篇是农民生活题材，都是我十多年"渔民、盐工、农民、农村生产队干部"生活的结晶。其中《七级总理》获得1980年广东省作家协会首届短篇小说二等奖、全省业余文艺作品一等奖。

书出版后，受到文艺界广泛关注："冯峄的《羊鱼嫂》，表现了在特定历史情况下，渔民走私与反走私的斗争，把题材引向一个新的领域。"（哈华：《1981年萌芽短篇小说佳作选·代序》）。"《七级总理》中的新任生产队长番薯昌也是个性鲜明的先进人物。敢于'犯内'，撤换了与自己老婆有点亲戚关系的不称职的记分员；敢于'犯纲'，因地制宜，广种番薯；敢于'犯上'，与干部家属中的不正之风斗争。"（易准、张奥列：《反映新

的生活，歌颂新的人物》，1981 年《南方日报》）

　　但是我的"标新立异"也引来了异议："《七级总理》用'讲古'的形式注意表现人物个性，这都是好的。但把主人公的相貌写得那样丑陋，写他的老婆骂他那么难听的话，把一个先进人物形容成'三寸钉武大郎'，有这种必要吗？"这样的批评，现在看来有点不可思议，但在"三突出"阴影还未消除的当年，是可以理解的。记得小说写好后，最初是投给我省一家有名的主流刊物的，该刊物不敢用。倒是上海《故事会》拿去当故事发表，文章才得以面世。

　　快半个世纪了，我陆陆续续出了三十多本书，也领过这个奖那个奖，回头看《钓鲨女》，是有点幼稚，但对这"露屁股吮手指的孩童相"，我却情有独钟。没有这姗姗学步，哪有今天？写本文时，特地上网搜了一下，孔夫子旧书网已把这当年 1.3 元的小册子炒到80—180 元了。

2019 年 3 月 6 日

吴昕孺：《月下看你》

中國詩人叢書

月下看你

吴昕宇 著

说来惭愧，我的第一本书竟是本假书，或者说伪书，官方语言叫非法出版物。

在大学里写了几年诗，正如我的恩师戴海先生所说，"拿诗歌当日记写"，累积了好几本。毕业之后，自己有工资了，可以满足一下虚荣心，就想自费出本诗集。这时，住在湖北沙市（现在叫荆州）的诗人高柳写信给我说，他正在主编一套诗歌丛书，问我有没有兴趣。丛书名大得吓人：中国诗人丛书。20世纪八九十年代时兴这样，一个小地方拉旗树竿，都要号称"中国"。

我虽然虚荣心爆棚，但还算比较谨慎，毕竟要出千把块钱呢，那时候赚千把块钱多难啊！高柳说，你到我这里来看看，你实地考察一下，就知道我们做事有多认真了。于是，我坐班车去了一趟沙市，那是1991年秋天。

高柳说的没错，他住在江津路市总工会的一间公寓里，虽书不满架，但写诗的劲头看得出来。先我一步抵达那里的还有湖北松滋诗人刘洁岷，丛书里他也有一本。我们三个沿着长江边走边聊，十分投缘，感觉那个城市只有一个酒杯大，我们围着走了好几圈。

我回来后就把整理好的诗稿和钱打给了高柳。高柳做事确实认真。1992 年 5 月，我不仅收到了他寄来的封面设计图，还有一篇他给我写的序《"爱"与诗的言说》，序写得很用心，一切都没有问题。不到两个月，丛书由香港天马图书有限公司出版，我收到了高柳发过来的几百册诗集。这就是我的第一本书——《月下看你》。那时，香港出版社在大陆诗坛很火爆，"银河""天马"，大家耳熟能详。

两年后，从武汉来了两个公安到湖南教育报刊社通过领导找到我，问询我出版《月下看你》的具体情况。原来，这套丛书的书号是假的！但造假者不是"主编"高柳，而是"总编辑"尚建国。公安取证之后就走了，我并不知道下文，尚建国被罚款了？进去了？抑或平安无事？没人再通知我。现在在网上百度"诗人尚建国"，能得到的最新信息是 2012 年 9 月一个叫张绍九的人发表在天涯社区的评论，《文化职场人的参考书——尚建国小说〈文化商人〉阅读杂感》。从文中可知，《文化商人》是一部长篇小说，不知小说中是否写到造假出书一事。

2003 年或 2004 年，高柳以《今古传奇》发行总代理的身份来长沙参加书博会，我那时主编《大学时代》杂志，在书博会上邂逅，晚上请他到新华楼吃饭叙旧，与他同来的还有叶匡政等数人。我没有跟他提及诗集造假一事，因为我一直觉得他很仗义，我相信他也是受害者，和尚建国不会是同谋。他也没有说，我们聊的是如何做杂志、闯市场，他给了我一些建议。

《大学时代》停办后，我开始着手写作长篇小说《千年之痒》。小说有一个叫鲍容楠的人物，原型便是高柳和尚建国的合体。在生活中，他们可能是两类人；但在小说中，他们是同一个人更符合事理逻辑。

《千年之痒》第十七章《阳光是这个世界的脸，阴暗是这个世界的肾》有这样一节：

小鸟，这次请你来，是湖北省新闻出版局法规处和湖北省文化稽查大队啊，来了几位领导，啊，他们调查一个叫鲍容楠的书商，伪造书号，啊，进行非法出版和诈骗活动的事，啊，他们查到鲍容楠曾与你联系过出书事宜，啊，你不要紧张，实话实说，啊，配合几位领导把调查搞好，行不？

鸟去纱点点头，头猛然大了不少，身体开始变得僵硬，心扑腾扑腾，像一只落水的鸡奋力拍打着翅膀。有人问他话，问得很随和，但他们手里发烫的烟头仿佛在烙着他的嘴唇，他每吐出一个字都觉得火烧火燎的痛。有人在做记录，笔在纸上写得飞快，每一笔都像是刻在他的背上胸前，要将他活活变成一块石碑。

他如实说了鲍容楠给他打电话的日期和内容，而后不见音信，他把书稿都整理好了。他还告诉他们，他没必要出这本书，只是为了报恩。一个很权威的声音向他发布："这么说来，你很幸运，鲍容楠在给你打电话后的第五天便被抓捕，你才避免了受骗上当。你知道吗？他的文化公司最近两年来出的一百多本书，绝大部分是作者的个人文集，所用书号全部为伪造和套号，他将面临十年以上有期徒刑的法律制裁。感谢小乌，你为我们提供了重要信息，特别是你知无不言的良好态度，让我们很满意。如果罗处长没别的事，你可以先走。"

乌去纱拖着自己的脚，走出了那栋楼。到街上，他回头仰望新闻出版大楼，找到了九楼洗手间的那扇窗户，一个影子从那里跳下，跳到街上，像风一样向他跑来，与他的身体合二为一。乌去纱的头脑渐渐恢复正常，他理出了一条线索：鲍容楠违法被抓。这个曾改变了他人生轨迹的老师，如今身陷囹圄。而这个囹圄，不是地球上的某一地点，不是某处风景名胜，不是什么神秘而幽静的所在，而是隔绝，是迷失，是不知所终。他的心里充满了难以言说的惆怅。

时间过去了三十年，我早已没有《月下看你》这本书了。手头仅存的孤本，是几年前好友刘孙贤寄给我的。他说，他当时从我这里买了十来本作为给学生的奖品。这本书扉页上写着"奖给刘虹璐考试第一名，2004年7月4日"字样。虹璐是孙贤兄的千金，刚刚考取博士。倘非如此，这本书他肯定也找不到了。

　　谢谢生活赐予我的所有缘分。

2019 年 8 月

马大正：《中国妇产科发展史》

1982 年我从浙江中医学院毕业，师从温州市中医院的吴国栋主任，从事中医妇科工作。作为一名男性妇科工作者，在独立门诊的时候，通常会受到女性患者的"性别歧视"，大有"门外可设雀罗"之叹。

为了充实上班的时间，我觉得有一件事可做，那就是补充大学读书时《中医妇科学》书中发展史内容过于单薄的缺憾。

"文革"结束后不久，新华书店好久都没有几本新书，要写相关的妇科史文章，涉及经、史、子、集各个方面的内容，参考书是一大难题。设在县前头的温州市图书馆以及沧河巷的图书馆古籍部，便是我经常要去寻找资料的地方。二十四史我从大士门的温师院中文系张如元先生管理的中文系图书室中借得，每借一本，读完交还，再借一本。我的大学同学、中国中医研究院医史研究所朱建平同学寄来了甲骨文中关于生育内容的拓片，以及《马王堆汉墓帛书》的复印件，补充了战国时期妇产科的重要资料。

所有资料我分为粗读与细读，粗读的资料在上班的空隙时间翻阅，细读的资料则在家中仔细阅读。通过我慢慢搜索，集腋成裘，将多个朝代妇产科历史的文章写成之后陆续发表，先后在各种中医杂志上刊登了《论中医妇产科学在宋代的变革》《唐代妇产科学概况》《汉代妇产科略述》《晋代妇产科学术成就》《历史的反思——论封建礼教对明代妇产科学的影响》《中国的婚育历史及其医学卫生认识》，其中关于唐代和晋代的文章，还是发表在一级期刊《中华医史杂志》上，令我深受鼓舞。

随着多个朝代妇产科历史文章的发表，我逐渐萌生了一个大胆的想法，如果我能写成一部妇产科发展史的著作，该有多好啊！

要完成一部前人没有写过的《中国妇产科发展史》，涉及的范围极其广泛，除了中医妇科的专业之外，还涉及经、史、子、集、考古、文学、哲学等内容。读书、做卡片、写草稿、修改草稿，再用圆珠笔一笔一笔地誊抄，三易其稿。我用的是当时稀缺的 400 格稿纸，为了减少写书时稿纸的消耗，我会用一张半透明的白纸放在格子纸的上方，透过格子纸，在白纸上写。在写一式两份的终稿时，会将白纸放在格子纸的下方，通过复写纸，将书稿印写下来，自己保留。耗时八年，书稿杀青，共计 21 万字。

1988 年《中国妇产科发展史》脱稿在即，女儿也到了该论嫁的时候。一直在暗中支持我创作的父亲知道我遇到了出版难题。年关将至，一直称父亲为恩师、在山西省社会科学院语言研究所工作的温端政先生来我家探望父亲，由于师生关系非常融洽，父亲在留他用饭时，将我遇到的困难告知了温先生。温先生说，在山西，他有出版界的熟人，回去可以帮我了解一下情况。

1989 年 1 月 12 日，温端政先生在给父亲的信中说："今天上午，应邀拜访了山西科技出版社潘编审（注：也是社长）……他说：这本书选题好（妇科史前人未专论过），填补了空白；内容也好，资料丰富；文字也好，很流畅。他们决定采用。"对方唯一的要求是需要我帮助征订，以便多印一些。

读了温先生的信，心中的一块石头终于落地，真是说不出的高兴。我知道"一本书主义"，或许我这辈子就只能写出这一本书，所以真的要写好它！

此后，温先生和我尺牍往来，交流山西科学教育出版社对出版《中国妇产科发展史》的态度变化，以及他不断与出版社负责人沟通交涉的经过。至1989年7月4日，他给我写信总计11通。原先出版社只要求我帮助征订，最后变成我需要与出版社协作出书。这样一来，我就得向出版社交纳管理费、审稿费、文内设计费等共计1 480元，在经济上自负盈亏。虽然温先生一再说这对于月薪只有四十来元的作者，压力过重（不吃不喝，需要三年工资才够），而出版社一方只是一直诉说自己难以为继的苦衷。

无奈之下，唯有我接受出版社的要求，这书才能出来。最后这份"协作出版协议书"的甲方是山西科学教育出版社，乙方是山西省社会科学院语言研究所，我与温先生分别在代表一栏上签字盖章。书稿因出版社无人可以审稿，便委托温先生审稿，温先生对于中医陌生，最后还是由我自己把关。

温先生曾经答应将书稿放在他的《语文研究》编辑

部排版印刷，后来他来信说，外出开会期间，印刷厂排版车间发生重大失盗事故，目前已无法排版。1991 年 5 月 9 日温先生来信告诉我，他已经到出版社代我交纳了所有款项。

温州亚热带植物研究所的吕书缨研究员得知情况后，拿出一笔钱，以解决经费之短缺。

由于《中国妇产科发展史》是协作出书，只能自行征订和发行。征订的数量关系到印数，印数的多少又关系到出书成本，所以征订工作对我来说十分重要。但是征订图书的渠道不通畅，我只能向国内各个中医学院的图书馆和妇科教研室毛遂自荐，寄发征订单。每寄一份征订单都需要捌分邮票和一个信封，每寄一本书，邮费更加可观，我的两位学生给了我一点邮费的赞助。

发出的征订单较多，收到的回复则十分有限。我的一位在天津武警医学院当领导的同学，竟一次订了十本，让我感动不已。收到的回信中，除了征订之外，也有同时推销自己作品的，因此，我们之间互订，作为推销的另外一种方式。最终的征订数也就两百多本，加上要送交出版社的七十本样书，我决定该书总共只印五百册，定价 6 元。

印刷之前，首先要完成封面设计。为了节省开支，我想到了挚友、温州第三中学的美术老师李振淼。一周之后，振淼立即将设计好的封面图样呈现在我面前。看上去既古典，又大方，让我赞不绝口。

当时，温州有国营和私营数家印厂，业务均较忙碌，但收费标准均难以接受。市面上刚刚推出胶印印刷的广告，称排印速度极快，印刷质量上乘，但一打听价格，一下子把我的头吓缩到肚子里去了。我的初中老师黄世中告诉我，他有个学生叫陈培，在温州科技报的印刷厂当厂长，凭他老师的面子，或许可以讨个相对便宜的价格。1991 年 5 月，陈培根据印数一千册的排版、印刷、装订、校对、裁切工序，拟了一份价目表，总价2 937 元。与其他印厂相比，这收费也只是略微便宜了一点点。

封面、内文纸张选择，我完全遵照便宜的原则，不敢追求漂亮。四面插页，是用高中一位同学送来的一些复印纸复印而成。文内的一张甲骨文拓片，还是自己用黑笔描摹下来再去复印的。当时封面印刷刚刚有一种新的覆膜工艺，能使书面有焕然一新的感觉，但是收费不菲。所以我决定只覆膜 50 册，作为赠送贵宾之用。

温州科技报的印厂是用手工铅字排版，中医的书籍有许多难字、冷僻字，加上排字工人的素质不高，他们愿意排普通的文章，而不愿排这本书，因此这书的排字速度极慢，错误甚多。我爱人会隔三岔五地骑车到黎明西路的印刷厂取样张，待我修订完之后她再送回重排，取新排版的样张，如此反复，不厌其烦。遇到铅字缺乏，我就到温州日报的排字车间借用，借不到的字，就利用周日与我爱人一起骑自行车到排字车间自己造字。那时车间空无一人，我用带去的钢锯将夹在台货钳上的铅字逐一肢解成两份，甚至三份，然后将其拼凑好，再用细线绑定，补进空缺的排版位置。书中有四个甲骨文字体，铅字中没有，刻字先生也无法解决，只好请父亲熟悉的微雕专家潘美新完成。

　　一部约21万字的书稿，排版、校对几乎花去了半年时间。

　　《中国妇产科发展史》排版完成之后，便进入了印刷阶段。印刷过程理应是比较简单的，我算计好成书的日子，与我向温州市科学技术委员会申报科技奖的截止时间衔接得天衣无缝。但天有不测之风云，印刷工作未及一半，科技报印刷厂的车间突然停产，原因是拖欠电费，而被电业局强制拉闸停电，电闸上还赫然贴着封条。

万般无奈之下，我只能转移阵地，将已经排好版的沉甸甸的铅字一排一排地从楼上抬到楼下，装车运到荷花路的红专学校印刷厂继续印刷。由于申报科技奖的时间已近，我只能下班之后每晚给工人买点心，陪她们加班印刷到12点。待印完之后，还要折页、装订、粘贴封面，最后是裁切，等我送评奖样书给温州市科委时，书脊上的胶水还未干，时间已是1991年的年底了。

二十八年过去了，由于《中国妇产科发展史》发行量很少，能够读到的人十分有限。近些年不断有人企图通过网络购买该书，但需求还是得不到满足，于是网上出现了可以下载阅读的PDF版本。更有甚者，我发现了一本我赠送给温州医学院名教授谷振声的赠签本，标价416元。

为了解决当今读者对《中国妇产科发展史》一书的需求，我于2014年改写，定名为《中医妇产科发展史》，并交由人民卫生出版社出版（本想保持原名，出版社不同意）。

2020年5月

马国兴：《书生活》

2008 年春天，有位同事问我："农业路上新开了一家生活书店，和你有没有关系？"我会心一笑，连连摇头。他如此猜测，缘于我曾在郑州三联书店工作多年，而且我上一年出的书书名就叫《书生活》。

《书生活》是我独自创作且公开出版的第一本书。之所以加这么多定语，是因为此前有相应的经历。涉世之初，我与几位学友应邀加盟"农村娃科普系列丛书"，合力拼凑的《工商常识》，由海燕出版社于 1996 年 6 月推出；2005 年秋，我汇总自办的手抄报《我》，扫描并印制了其十年合集《纸上读我（1995—2005）》。

《书生活》为"百花园文丛"之一，与百花园杂志社同仁的书共用一个书号，由河南文艺出版社 2007 年 2 月出版。此文丛为小 32 开，共 12 册，每册仅有 3 个印张，总定价为 144 元。因此，如果再加个定语"单书单号单独定价"，那我的第一本书就变成了五年后面世的《我曾经侍弄过一家书店》。

《书生活》分为"寄自童年，寄自故乡""左手亲情，右手师友""封面是书，封底是生活"三辑，收入出书之前十年我满意的 25 篇散文随笔。"百花园文丛"未设总序，我约请师长作序也未遂，只好在献词页上选用郑愁予的诗句"是谁传下这诗人的行业/黄昏里挂起一盏灯"，以弥补遗憾，并区别于他人的书。此书名称，初拟借用辑名"封面是书，封底是生活"，因主编认为太长，与他书不协调，后只得简化。然而其中文章并非全部与书相关，我不得不在后记里找补，说"书生活"亦即"生活书"云云。

"百花园文丛"分册封面均列有一段话，出自各人作品。策划者原来为《书生活》摘录了《母爱如水》一文里的几句，我为与书名呼应，更换为《寓言：事关远方》开头语（略有删减）："书来到我们手上，就好像我们去了远方。我书架上的书，大都是我游访各地书店或旧书摊的结果。有了时空的间距，许多书我已淡忘了当初请它们回来的心情，但每当仰望这个队列，即便不翻阅，胸中已是盈盈地欣悦，思绪也随之四散蔓延。书架上分明不再只是书的陈列，也有着过往岁月的铺排，让人感叹。"

既为第一本书，《书生活》出版前后，我便拥有了许多第一次的经验。

书稿中，原有一篇《虽不能至，心向往之——读〈往事并不如烟〉》，编辑鉴于其时形势，要求撤换为他文。没有想到，此举将是我随后编书必修的功课。眼见标尺越收越窄，不时生发阵阵叹息。

某日闲逛旧书网，在某店"名家签名本"里，无意中发现《书生活》在售。点击放大图片，我看清了一位书友的面目。尴尬之后，不禁为自己的"孩子"感到悲哀。我也没有想到，类似的遭遇远非最后一次。

后来"百花园文丛"获得郑州市第十二届"五个一工程"奖，我也经由《书生活》觅得三两知交。

网络互动近十年后，2018 年 11 月，我才与张家鸿先生在北京会面。2009 年 2 月，他看了我的博客，与我联系。交流之外，我给他寄去《书生活》。六年后，我收到他的第一本书《文心书影》。他在"癸巳读书记"一辑中，提及我的书是他"平生得到的第一本作者题签本"。于是，我在电子邮箱中搜寻来往邮件，回味双方交往历程。那时他说，"我只会读，写不来。感觉读是个轻松惬意的过程，而写总是比较费心力的，故望而却之。当然，也是能力不够"，"我还是更喜欢读，写东西太伤脑筋了"。但他毕竟难抵文字的诱惑，《文心书影》即汇集了他那几年读书阅世的成绩。如今，在福建惠安高级中学教授语文之余，他的阅读视野日趋开阔，写作水平日渐提升，可喜可贺。

2007年冬，小小说作家王奎山先生阅毕《书生活》，自发写了评论《深情的写作》，让我分外感动与感激。细阅书评，发现他引述我的那些话，均为灵感的产物，足见他眼光之独到。几年后，我选编另一本书时，便将其连同此后约他写的《写作的秘密》，一并作为序文。可惜的是，这本《一路走来，成长如蜕》上市时，他已因病去世。

现转引《深情的写作》中的两段，绾结此文，并纪念远行的奎山先生：

写小说的人常常是脚步匆忙的。他们匆匆忙忙讲述故事，匆匆忙忙塑造人物。语言，在他们手中仅仅是一个讲述故事、塑造人物的工具。真正的写作不是这样子的。一个真正的写作者，他的文字不仅是工具，文字本身也成为审美对象，经得起反复回味，这才是写作的化境。

读国兴的文章，你常常会为读到的句子而惊喜，心想，原来文章也可以这样写："狗分明是院落的另一道门户，猫则是一个流动的捕鼠夹子，牛呢，简直就是一个不会说话的劳动力"；"母亲诞生了你，你也同时诞生了母亲"；"你笑笑，颇有禅意地答曰：心里有，眼里就有，心里没有，眼里就没有"；"六十多年前，萧红曾出此言，那是一种热闹里的荒凉，而如今不过是荒凉里的热闹罢了"；"在地理意义上，呼兰河是萧红的母亲，而在人文意义上，萧红却是呼兰河的母亲"……

2020 年 3 月 24 日

智效民：《心理的单间》

我的第一本书是《心理的单间》，收录了从 1994 年到 1997 年上半年所写的随笔近八十篇。从目录上看，因为没有分类，显得有些杂乱。这不仅对不起读者，就连自己也不好意思翻看。

　　直到疫情期间，我才拿出来翻阅一遍，当年的情景又浮现在眼前。

　　我 1946 年出生于太原，到了十四五岁时，我也想过长大以后去干什么。当时有"工农商学兵"的说法，于是我就沿着这个分类琢磨起来。

　　先说工人。尽管它排行第一，又是领导阶级，但我觉得不太合适。原因有三：第一，我们家好几代都是读书人，从来没出过一个工人；第二，我手脚不协调，钉个钉子，都能砸到手；第三，工人的工作比较单调，许多人日复一日干一种活儿，对我来说难以忍受。

再说农民。从 20 世纪二十年代开始，我们家就离开农村，从此再没回去过。所以我去农村务农，是根本不可能的事情。

至于商人和士兵，因为社会上有"无商不奸"和"好汉不当兵，好铁不打钉"的说法，所以这两个选项也被我排除在外。这样下来，学者就成了唯一的出路。

万万没想到的是，1964 年高中毕业后，我因为"家庭出身问题"不能正常升学，遂下乡插队，让根本不可能的事成为可能。直到 1971 年，我才回城当了一名小学教员。回城之前父亲提醒我："你不是不愿意当老师吗？"我回答："只要能回来，就是掏大粪我也认了！何况我今天是小学老师，明天就可能是中学老师，后天还可能是大学老师。"这种莫名其妙的自信，让他老人家惊喜参半。

随后，我果然从小学调到中学，从中学调到机关，最后在 40 岁的时候，终于从机关进入与大学相当的山西省社会科学院。

不久，我在单位分到一套住房，与《晋阳学刊》的编辑丁东成为对门邻居。受他影响，我在 1993 年买了一台 286 电脑，在写文章的时候，由"笔耕"转为"机耕"。于是，我写了《换笔》等文章，来表达自己的喜悦与思考。

我这个人在写文章时毛病很大，其中最主要的是思路杂乱，出手太慢。每当有个想法，拿起笔后总是不知该怎样开头。开头以后，也是改来改去，很难清晰地表达自己的思想。即便"换笔"，这种新八股的毛病也没有改掉。但是丁东正好相反，他每天早上起床后，只用半个小时就完成了当天的写作计划。于是，每天上午正当我敲打键盘的时候，他就敲门进来，要和我下棋。这时，他看到我写不下去，便三下五除二帮我写好了。这种对文字的把握和处理能力，对我启发很大，写作速度也得到相应的提升。

除了丁东以外，谢泳对我的影响也很大。当时他是山西省作家协会所属《批评家》杂志的编辑，我们原来并不认识，后来听同事陈坪说，谢泳自费出书送给他一本。这本书是研究报告文学的，本不在我的兴趣之内，但其中关心政治的思考和清通直白的语言，却让我获益匪浅。

丁东是 1951 年生人，谢泳是 1961 年生人，一个比我小 5 岁，一个比我小 15 岁。所谓"吾师道也，夫庸知其年之先后生于吾乎？是故无贵无贱，无长无少，道之所存，师之所存也"，讲的就是这个道理。

我的文章大体分为两类，一类与读书有关，比较直接的有《说读书》《写作与交谈》《读与讲》《好书还愁没钱买》等；另一类与历史人物有关，包括胡适、丁文江、竺可桢、徐志摩、任鸿隽、陈衡哲、杨振声、陈寅恪、吴宓、陈序经、刘节、张伯驹、梁思成、林徽因等人，这对我后来研究"胡适和他的朋友们"打下了初步基础。当时还写了一批清代人物，这些文章有反对贪腐、以史为鉴的用意。

文章写好后，开始考虑发表的问题。当时还没有电子邮件，我都是用针式打印机打印出来，再找自认为合适的报刊投寄过去。最初是从把握比较大的《太原晚报》开始，逐步向外拓展，最后走向全国。当时我们单位图书馆因为经费充足，订了许多报刊，这对我为文章寻找出路帮助很大。在此期间，我的文章先后发表在《读书》《文汇读书周报》《中华读书报》《东方》以及一些省市的报刊上。我原本是比较自卑的人，这让我逐渐自信起来。

因为我总是写随笔杂文，周围就会有人说三道四。他们认为山西社科院是学术单位，这里的研究人员应该在学术期刊上发表论文，除此之外都是雕虫小技、歪门邪道。有人甚至在背地里说我只会在报纸上写"豆腐块"，写不了大文章。

为此，我在《话说报屁股》中写道："我国学者治学，本来就有写读书札记、学术随笔的好传统，这不仅是做学问的基础，也是很好的'报屁股'。近年来，出版界之所以争相出版五四以来一代学人的散文随笔，并深受读书界喜爱，就是因为他们在当年曾写过大量风格独特、趣味隽永的'报屁股'。从这些文章中，我们不难看出他们的人格、学问和情趣。奇怪的是，不知从何时起，'报屁股'反而为如今的一些学者所不屑，所鄙夷了。结果呢，学术界竟出现了这么一种怪现象：写书比写论文容易，写大文章比写小文章容易。我揣测，这或许就是有些人虽不乏所谓专著，却不肯在'报屁股'上露脸的原因吧。"

经过一段时间的积累，同时也是为了堵住他们的嘴，我也开始写一些比较长的文章。正在这时，周实为创办《书屋》杂志，与王平在去北京的路上转道山西，与太原的朋友见了一面。随后，我写了《薄命如妾一书生——读潘汉年诗文选》寄给他们，很快就刊登出来。

大约是1997年年初，长春出版社计划出一套丛书，他们向丁东、谢泳约稿，两人应约之后，还把我推荐给责任编辑邓进。我得到消息后，觉得手头的文章不够一本书，就又写了几篇，其中包括7000字左右的《漫话张奚若》。文章完成后，我把它寄给《书屋》，很快面世。后来这篇文章还获得《书屋》首届读书奖，奖品是商务印书馆的一套"汉译名著"。

当时的《书屋》影响越来越大，有直追《读书》的势头。王元化先生看到《漫话张奚若》后，曾打听智效民是何许人也，周围的人都不晓得。直到丁东去上海拜访他的时候，才介绍了我的情况。

王先生早年在清华园长大，对张奚若应该有些印象。后来他在《清园近思录》后记中写道："最近，《书屋》发表了智效民《漫话张奚若》一文，对张作了简要介绍。文中十分风趣地提到张奚若和徐志摩的交往，说'一个是略带土气而又硬得出奇的北方老陕，一个是刚柔兼备却又风流倜傥的江南才子'。作者引用了徐对张的评语，说张是个'硬人'，无论是说话还是写文章，都是直挺挺的。这一描述确实惟妙惟肖。"

说实话，《漫话张奚若》本是急就章，后来能有如此反响，实在是出乎我的意料。

就在这一年五月，我们单位有一次评职称活动。由于"狼多肉少"，指标有限，竞争比较激烈。当时评定的唯一标准，就是五年来在各种刊物上发表文章的字数。我在申报时计算了一下，满打满算不到三十万字。我们单位不大，每年都要公布一份"科研成果汇总"。根据这份材料，我觉得自己的成果应该是名列前茅。没想到结果出来后，文章字数达到上百万字的有好几个，其中一个居然超过 300 万字，每年平均 60 多万字。难怪有人开玩笑："就是吃了泻药，也拉不出这么多吧？"

那次评职称的负责人是副院长梁中堂，具体操作的是科研处长。当时梁知道我有一本书刚刚出版，还没有拿到样书时，就建议我专程去长春一趟。我觉得这不符合我做人做学问的原则，就没有听从他的劝告。结果，我在评职称中被淘汰。

梁中堂是 1965 年的高中生，因为研究计划生育政策，提出"两胎加间隔"的主张，受到中央重视，让他在一个县进行试验。后来他从县委党校调到省委党校，又从省委党校调到省社科院分管科研工作。

梁是个务实的人，他上任后，针对当时学术滑坡、科研人员不务正业的状况，制定了双稿酬政策。该政策规定，凡是在各种媒体上发表文章的人，院里都奖励同等金额的稿费。当时在全院范围内，因为我和马斗全发表的文章最多，所以是双稿酬政策的最大受益者。

后来我在评职称时遇到不公，这可能是一个因素。此外，还与我不愿意到处长那里"拜码头"有很大关系。

过去逛书店，我特别羡慕那些能够出书的人。自从《心理的单间》出版后，书店里也有了我的一席之地。但回头一想，我当时已步入知天命之年，虚荣心还这么强烈，实在是有辱斯文。

2020 年 6 月

刘平清：《百姓知情 天下太平》

忆旧，大概是人最普通不过的心理，特别是有了点年岁的人。古诗云，白发宫女在，闲坐说玄宗。梁启超也说过类似的话，少年人常思未来，老年人常思既往。现在自媒体发达，经常会冒出十万加的帖子，内容多是对改革开放初期八十年代的怀念。在那个物质相对简陋的时代，没有互联网、没有微信，没有网购，但精神追求的丰富、社会思想的解放，整个中国呈现出的蓬勃向上的精神风貌，真是令人难忘。

其实不然。正如寒冬也会冒出"小阳春"一样，在中国时评界人的眼中，2002 年到 2007 年，媒体特别是纸媒的时评之热，言论尺度之大，社会影响之巨，完全可以媲美今天被许多人津津乐道的八十年代。那几年，堪称中国时政评论的黄金季，全国报纸几乎没有不开设时评栏目或时评版的。全国各地时评专业队伍和业余写手，文章频频亮相各媒体，进而被各大网站转载，势头一点也不比今天自媒体差多少。记得当时的搜狐网站，就组织过年度时评评选。

曾几何时，纸媒的评论主要是党政机关报的社论。"文革"时期，两报一刊（《人民日报》《解放军报》《红旗》杂志）的社论，代表中央的声音，是要组织学习的。八十年代后，以晚报为代表的都市类媒体兴起，社会评论渐渐浮出水面。九十年代后，特别是进入二十一世纪初，《南方周末》和《中国青年报》，一南一北，在深度报道引领潮流的同时，加大评论的力量，许多篇章风靡一时，传颂至今。新起的《南方都市报》《北京青年报》紧随其后，在二版黄金版位，开设评论专版。笔锋所及，国际国内，政治经济，社会民生，无所不谈，颇有文人以言论报国之遗绪。时评成为新一轮都市类报纸市场竞争的利器。

我当时在《广州日报》供职。大概1997年后，连续多年，《广州日报》广告总量执全国报业之牛耳，牢牢占据广州乃至广东市场；但社会上普遍认为，时政评论广日要比同城其他媒体如《南方日报》《羊城晚报》

等逊色许多。这一社会观感，给主持报业的高层以一定的压力。在此背景下，报社组建多年前撤销的理论评论部，我被抽调作为专职评论员。当时报社先从开设评论专栏入手，继而推出评论专版。几乎每个工作日，我都以"闻过"的笔名，撰写千字左右篇幅的时评。

这一写，就是三年多。关注的话题，除了当天最热门的全国新闻外，更多地集中对广东特别是广州新发生的事情评头论足。无论是当时的非典、广州禁摩引发的社会震荡，还是官场、社会，特别是诸如医患矛盾、农民工问题、城中村改造以及教育界存在的各种乱象，几乎无所不写。尽管也有各种新闻纪律，但只要把握好分寸，几乎百无禁忌，也产生了一定的社会影响力。

2005 年夏，在随同广州市委常委、宣传部部长陈建华外出调研中，他劝我把这几年的时评收集整理，出版一个小册子。不是我清高，而是在内心中总觉得新闻和时政评论都是易碎品，过眼云烟而已，是否有灾梨祸枣出版成书的必要和价值？何况就算出书，也要出博士毕业论文，这才是正儿八经的学术著作。但迈入媒体大门，现实生活与学术渐行渐远。每每面对毕业论文，如同面对一幢多年的烂尾楼，有心而无力去补充完善；但如果没有后者，自己这一关根本没法过。另一方面，陈部长的建议，对我也充满诱惑。任何一个以写作为业的人，都有出书的冲动。毕竟，与时效性要求很高的纸媒不同，这是另外一种传播方式，更容易保存。

作家萧乾做过多年的编辑记者。他说过一段话，大意是要给易碎品的新闻注入一些时效更长的东西。潜移默化中，我深受此观点影响。体现在时评写作中，我基本上不会完全被新闻事件所局限，而是由此生发开去。新闻的触角，文学的手法，哲学的思辨，历史的评述，如果可能，就尽量效仿梁启超"笔锋常带感情"，这是我写时评时对自己提出的小小要求。在将那几年撰写的数百篇时评汇集成册时，我给自己写了段评语："这里虽没有什么惊人的词句，却回响着我们时代当下的声音，有呐喊，有讴歌，有批评，有辨析，有讽刺，有不平。虽涉及的是某一域或某一时的人和事，但落脚点却是对转型社会各种光怪陆离景象的思索。从新闻出发，指向的却是广义的人生。生命有尽期，生活无答案。思索，则是通向寻找人生答案的基本路径。"

从这一原则出发，我尽量挑选那些时效性不那么强，而是带有对人生思考性质的文章。为了增加书籍的厚重，还以"附录"的方式，或交代某篇文章写作的背景，或谈对时评写作的看法，或集中论述我对某个社会问题的认识。后者如《重建民族的共识与信心》《我们都是精神上的残废人，不可救药》《我们时代的普遍焦虑》，基本都是万字长文。

最后我想说说书名。这是取自书中收录的一篇文章的标题。这篇文章堪称"闻过"的成名作——这之后，这个笔名才广为外界注意。这篇时评诞生于2003年初春，广州"非典"爆发之时。最开始的几天，因为信息不透明，广州也是人心惶惶，谣言四起，市场出现抢购风潮。好在春节刚过，广州市委市政府认识到问题的严重性，及时公布信息。我现在还记得，这篇时评是时任广州日报社总编辑薛晓峰的命题作文。"非典"爆发后，《南方都市报》每天都有一篇相关主题的社论，势头很猛。当时社会各界对政府封锁相关信息的做法，颇有怨言。《广州日报》作为市委机关报，当然不好在报上公开指责市委市政府，文章只能从"非典"信息公开前后的不同社会效果入笔，过渡到阐述"百姓知情"与"天下太平"之间的辩证关系，含蓄地批评了此前隐瞒信息的错误。回头来看，文章把握的"度"还算不错，社会方方面面都能认可。

　　十七年过去了,《百姓知情　天下太平》这篇短文,仍屡屡被人提起。从这点上说,中国的政府信息公开,仍在路上。

2020 年 7 月

陈福康：《郑振铎年谱》

我这辈子出的第一本书，是 1988 年书目文献出版社（对这个社名我很留恋，也非常喜欢，可惜后来改过好几次，先是北京图书馆出版社，后又改国家图书馆出版社，我觉得还是"书目文献"最雅）出版的《郑振铎年谱》。但是，我本来应该出版的第一本书并不是这本年谱，而是《郑振铎研究资料》。我必须从这本未刊书稿开始说起，这件事对我来说是有点遗憾的。

1980 年代初，我作为当时全国最早的研究生在复旦大学就读。那时我已经开始研究郑振铎先生。那年头，所谓中国"现代文学"研究是很热门的。但当时很多"现代文学"专家，几乎都还没有认识到郑振铎研究的重要性和必要性。举个例子，当时有很多专家开会研究，要组织撰写出版一套中国现代文学作家传记丛书，胃口很大，反复推敲搞了个几十位作家的名单（包括其实没什么可写，而且到最后也写不出传记来的作家），约了很多人来写，最初就根本没想到郑先生。后来这套丛书中有了我写的一本《郑振铎传》，但这是我写好以后努力说服出版社收入的，并非专家原计划里就有。不过，大概因为郑先生生前是中国社科院文学研究所的创始所长，所以当时社科院文学所一个非常宏大的项目——"中国现代文学作家作品研究资料丛书"里，倒是列入了《郑振铎研究资料》一种。我当时只是个学生，虽已发表了一些有关郑振铎研究的文章，但谁也不会想到找我。这本书原是交给上海文艺出版社理论读物编辑室主任余仁凯编的。有一天，我到上海文艺出版社去，余主任叫住我说："我看到你发表了好几篇研究郑振铎的文章，社科院交给我编郑先生资料的任务，但我对郑先生没有研究，而且我工作也太忙，如果你愿意承担这个任务，我就向他们提出来转给你好吗？"我当然很高兴地答应了。

这个国家级社科重大项目国家是投了不少钱的，我承担了这个重大项目下面的一个子项目，那到我手里是多少钱呢？现在说出来你肯定不相信，100元。我当时就领了这 100 元开始工作了。后来，有关同志觉得不好意思，又要我打报告申请了 200 元。所以，我第一次得到学术研究基金是很早的，比很多同龄人早得多。

当时，国家比较穷，物价比较低，人的欲望也不高，但所谓"学风不正""学术腐败"这类东西却已经有了。在刚接受这一任务时，我就在学校里向老师报告了，他马上提出一个问题：是不是余仁凯要你编，编好后他署名在前，你在后？我当时觉得非常奇怪，老余为人忠厚，根本就没有提过这种话（后来也从未说过），而这种事我则连想都没想过。我辛辛苦苦独立做出的工作成果，为什么要让别人署名在前？后来我才知道，这在当时是一种很普遍的"潜规则"，我的某些同学就是这样做的——自己写文章，让老师署名在前，请老师推荐投寄，较容易发表。而我在上大学前后，从没干过这样的事情。所以，尽管我的学术水平不比别人低，但最后毕业的时候学校留的是别人而不是我。

我非常努力地按时按要求完成了书稿，如果顺利，完全可以在毕业前就出版。大约有 50 万字，那是他们限制的字数，本来我觉得应该再多搞一点，因为郑振铎的资料非常丰富。当时复印机还没有普及，照相机也是稀罕物，书稿所有的内容都是手抄手写的，包括我的父亲也帮我抄写了不少（现在想起来，我还非常感谢先父，觉得很对不起他）。

交稿后，社科院文学所的领导就转交给这套丛书的一个编委"审读"。可非常纳闷的是，她一直不看，理由是她有其他的工作，太忙。本来，所谓的"审读"也就是看看符不符合体例和要求，其中大部分内容（如作家生平、创作自述、文学主张、研究者对作家的评论等）其实根本就不用看，但人家就是拖着不看。我除了写信询问外，好几次出差到京，都到她家里去问；后来我上京当了博士生，更去了她家好多次（当然，我也从来没有想到应该提一点什么礼物送去）。再后来，连她忠厚的爱人（也在社科院文学所工作）在一旁也觉得不好意思了，曾当着我的面对她说，你就快点帮小陈看看吧，但她就是一直不看。我向文学所领导也反映了，他们说没办法，也不好换人。过了好久好久，她总算"审读"完了，也没提出什么问题来，书稿才退到这个大项目的负责人马良春那里。老马非常爽快，立刻就作了批语，并给了福建某出版社，因为郑振铎就是福建人嘛。

不幸的是，由于被长期拖延，这部书稿错过了出版机会。此时的出版界已很不景气，出现了严重的"向钱看"倾向。出版社认为，既然是国家重大项目，就会有很多经费（但当时物价乱涨，经费又显得不多了），可是给他们的出版补贴却太少，于是就不愿出。该社的编辑与我也认识，他就明白地跟我讲，书稿内容是好的，但如果你搞不到经费，出版就想也别想了。又过了多时，我也绝望了，就把书稿要了回来。但我想，自己下了这么多功夫，包括请老父亲帮我抄写，难道就这样白干了吗？书稿里，本来就按要求有我撰写的《郑振铎生平活动大事记》《郑振铎著译年表》等，但因限于丛书体例与字数规定，比较简单，于是我就开始利用这些资料，自行编撰《郑振铎年谱》。因此，本应是我的第一本书的《郑振铎研究资料》，就这样未出生就死亡了，只能给我自己一个人这样使用了！

撰著（我拒绝用"编写"二字）《郑振铎年谱》，完全是我的"自选科研项目"，没有一分钱的"科研经费"，但我乐此不疲。就在我反复修订当中，一次到书目文献出版社的《文献》杂志编辑部去玩——我是他们的作者，当时的主编刘宣先生很看得起我，常对我说他在编杂志过程中"发现"了一男一女两个十分努力的青年学者（"一男"指"我"）。我向他谈起我的《郑振铎研究资料》"胎死腹中"，以及正在撰写《郑振铎年谱》。不料他非常热情地对我说，为郑先生写年谱是非常必要的，郑先生对我们北图也是有恩的，相信你这么多年认真研究，质量一定会很好。你完成后，我可以推荐到我们社出版。就这样，我这辈子正式出版的第一本书，就是书目文献出版社的《郑振铎年谱》了。我永远感谢已故的刘宣老先生。后来，刘老的儿子也成了我的朋友（小刘曾在书目文献出版社发行部工作，我曾通过他买过很多书）。老先生曾经托我办过一件事，我没办好，一直觉得很对不起他。

我的《郑振铎年谱》书稿交到出版社时，刘老已经退休了。该书的责任编辑是贺敬美。老贺人非常朴实，我在京读书时常到他办公室和家里玩。他的哥哥就是抗战时期著名的延安革命诗人贺敬之，时任中宣部和文化部的领导，但老贺在我面前从不提他哥。后来还跟我说，哥哥是哥哥，我是我，我不沾他的光。当时，书目文献出版社刚创办不久，编辑的经验也不足，书的装帧印刷都不大好。我的这本书，印好后他们才发现在封面、书脊和扉页上都没印我的名字。他们觉得很不好意思，于是就把"陈福康编著"五个铅字沾了油墨，像盖图章一样，一本本手工打印在扉页上。尽管如此，我仍然非常喜欢这本我请郑先生的老友郭绍虞、李一氓先生题签题词的书！一本 700 页厚却仅售 4.60 元的书！一本赶在郑振铎诞生 90 周年、逝世 30 周年时出版的书！

这就是我的第一本书。

还有一些余闻，亦可一说。

此书出版后，很快就卖完了。而我仍继续不停地研究郑振铎，又发现了很多新史料，所以我不断地做着修订。我曾向出版社试探着提出再出修订本，但当时他们确有困难，没有答应。一过又是十多年，原社领导和编辑都退休了，出版形势也好转了。我的修订工作有幸列入了我的工作单位上海外国语大学的科研项目，这样，按我校规定我就可以把修订稿交给本校出版社出版了。可没有想到的是，山西古籍出版社总编辑张继红兄听说我在修订这部年谱，立即表示希望在他们社出版。又没想到的是，在我即将交稿之际，北图出版社当时我还不认识的殷梦霞编辑（现在已是该社总编辑）来电话谈别的事，得知书稿已修订完成，当场表示还是应在她们那里再版。我对北图出版社一直感恩在心，但我已与张总谈好，怎么办呢？殷梦霞说没关系，她们社长与张总是老朋友，打个电话就成。我想起张总说过，山西古籍社是个小出版社，经济独立核算，自负盈亏，而我这本书又赚不到什么钱，因此我对殷梦霞说，只要张总同意，我没意见。没过几天，殷梦霞来电话说，他们郭社长亲自给张总打电话了，但张总不愿"割爱"。

修订本于2008年郑先生诞生110周年、逝世50周年时出版。书从一册变成了两册。

但我仍继续不停地研究郑振铎，发现了很多新史料，又发现了有些地方原先记述不准确，所以我仍旧不断地做着修订。在上海外国语大学领导和科研处的大力支持下，我尝试向国家社会科学基金会申请，竟幸运地得到了全国哲学社会科学规划办公室的批准。在修订增补工作正式启动后，曾有商务印书馆、中华书局、上海交通大学出版社等多家出版单位的编辑领导主动向我索要书稿。对此，我真有点"受宠若惊"，同时深感人们对郑先生的认识有了很大的提高。这是我感到非常高兴和幸福的！

第二次修订本《郑振铎年谱》，最后还是给了自己学校的上海外语教育出版社，是当过我多本书责任编辑的李振荣兄主动向我要去的，于 2017 年出版，书又变成了厚厚的三册。

这部书曾先后获得过第三届全国优秀古籍整理图书二等奖、第十四届上海市哲学社会科学优秀成果二等奖以及第八届全国高等院校人文社会科学研究优秀成果二等奖。

2020 年 10 月

林伟光：《纸上雕虫》

我的第一本书《纸上雕虫》是一本自印本，没有书号，当然也不能摆到书店去卖。不过，这本书在我所有出版的书中，却最难寻找，连我自己都藏得不多。当时印了六七百本，从自印的角度说，印数还是可以的，我甚至怀疑是否赠得完，孰料十多年后倒成了很稀少的版本。

　　大约五六年前，我接到一位书友从网上购到的《纸上雕虫》，这是一本签赠本。他让我在书上写几句话，当然从命。具体写了些什么，已经忘记，无非记一种书缘或一份感慨吧。而由于铭感，又随手找出一本新著寄赠他。

　　书出版后就有属于自己的命运。我对《纸上雕虫》没有很刻意的珍惜，却也不菲薄。我想，书是被人读的，能够流到喜欢者手中，正是其最好的归宿。有人对自己的签名本流落到网上或旧书摊，耿耿于怀。我倒不会如此，不是我大度，我是觉得与其不读而被冷藏，不如流动到喜欢者的手中。

这本书由一位喜欢我文章的读者力促而成。这位读者是中国首位女引航员——好像迄今为止还只有这一位，她就是李正容女士，曾多次登上央视。

一直以来，我甚怕交往名人，总是敬而远之。我与她似乎是不可能有交集的，但一切事情总有令人意想不到者。2000年春天，我不幸罹病，几乎死去，劫后的那个时期写的文章，不免略有些灰暗的情绪。那时，我很喜欢写生死的话题。忽然有一天，我接到一个陌生人的电话（我是编辑，这并不奇怪），正是李正容打来的。自报家门之后，她就大谈特谈起我的文章来，其稔熟的程度，很让我惊讶，也深深地被感动。后来，她就写信给我，毕竟电话里总有限制，不能畅所欲言。再后来，她干脆邀请我去她家面谈。在她家那简朴的小客厅里，她心直口快地批评了我，说人生总会碰到种种困难，关键是要正视，要克服，没有过不去的坎。

我们座谈时，我更多地是在倾听她谈自己丰富的人生。一个女性，却勇敢地闯进了男人的世界，成了女引航员，在世界上都是一种奇迹，而这也让她经历了诸多难以想象的困难，经常碰到各种鄙视和傲慢的眼光。李正容坦荡的襟怀，以及永不言输的精神鼓励着我，让我深受教益。

有一天，谈着谈着，她忽然向我索书，说剪读了不少文章，还没有你的书。我只好抱歉地说，还未结集。她深感意外和惋惜，说都是好文章啊，如果散失了多可惜！于是，她不但怂恿我出书，还热情地一定要促成此事，说你不用管，一切我来办。她只要我负责提供书稿及校对等事情。

她的盛情，我如何能推却呢？而以她雷厉风行的性格，也断不容许我拖延。结果，两个月后，就有了这本《纸上雕虫》。此书是由她侄儿在深圳的印刷公司印刷的，收集了我所发表的自己觉得可以保留的各种有文学性的文字，大三十二开，厚厚的一册。不少人读后都说，应该分编成两本书才合适。但我那时听从了她的话，尽可能地都收了进去。

我这个自印本，没有必要的设计和装饰，跟当下那些精美的自印本根本不能比。但这是十六年前出的书，也不能太挑剔了。

岁月流转无常。自己马齿增加，鬓发已星星斑白，思想也有了许多改变。于是，后悔的事情，每每无可奈何。古人说，庾信文章老更成。庾信如此，自己却不敢说耳，但悔其少作是难免的。而这本《纸上雕虫》中收集的文章，恰恰是所应追悔的少作啊。

悔少作是不少写作者的常态，于是就有了一个很有趣的游戏：一边是千方百计地修改或干净利落地删去，当它从不存在；一边却是用尽心思地搜寻索隐，当个掘墓人，将初版的作品发掘出来。这真是好笑！但对于想掩其少作的作家，这种发现却是痛苦的无可奈何，他未必乐意。钱锺书晚年不惜对龚明德兄兴起诉讼，其原因正是如此。

我虽悔少作，却并不想掩盖，自己不是名流，也不必考虑得更多。何况，这些文字都出于我手，写时也耗费了许多精力。虽不无稚拙或不完备者，却也不必故意简落。如果没有少作，又何来今日之我？已经发表的，就成了公器，有自己的命运，好歹随它去吧。存与不存，已不是我所能够操心的了。

汪曾祺喜欢不断改写自己的文章，有一篇短小说，他晚年时还重新写过，这很有趣。我觉得这比修改或毁掉更好。两种不同的文字版本，是不同时期心路的轨迹，正可相互印证。我们对比着读，可以感受一个作家的创作历程，对研究和写作都不无意义。我没有汪老这份耐心和韧性，既无兴趣重写，也不想修改，就让它这么存在着吧。

如今，我已经出了好几本书，出书于我已是常态，没有一点新鲜感了。不过，出了这么多书，我最难忘怀的，还是这本《纸上雕虫》。那些文章里有我的青春与年少轻狂，那份青葱的激情此后不会再有。

李正容女士已于2015年去世。愿她安息！我们年龄相隔甚远，是一种忘年之交的惺惺相惜，此书正是我们真挚友谊的见证。

想起《纸上雕虫》，怀念这位可敬的老人。

2020 年 11 月

张求会：《陈寅恪的家族史》

从署名权来说，我的第一本书其实是《欧阳修文选》（青海人民出版社 1998 年版）；从专业研究而言，我的第一本书应该是《陈寅恪的家族史》（广东教育出版社 2000 年版）。

《欧阳修文选》是 M 博士主编的"唐宋八大家文选"之一，分派给我的任务是选编、标点、翻译欧阳修散文。虽然当时确实采用了"剪刀＋糨糊"的做法，后来也没有拿到一分钱稿费，但至少有两点可以问心无愧：一是没有剽窃，二是没有偷懒。

《陈寅恪的家族史》真正算得上我的第一本书，因为它开启了我此生唯一的事业——江西义宁陈氏家族的文献整理和研究。

现在想起来，我走上这条路，很大程度上要归功于命运的安排。所谓"缘分"，应该就是解释不清的诸多因素。

我的祖籍是安徽省含山县，父母都是当地的农民，没有读过书。1958年，因为大饥荒，父亲以"盲流"的身份逃到江西。1973年，我和二哥跟着母亲"随迁"到江西省九江地区永修县，与父亲团聚。可以说，江西收留了我们一家，是我们的第二故乡。永修县位于修河（修水）的下游，修河在永修的吴城镇汇入鄱阳湖，再流入长江。同属于九江地区的修水县（旧称义宁州、义宁县），在修河的上游。套用一句老话，我也曾经和义宁陈氏"同饮一江水"，不知道这算不算一种缘分。

我的中学是在永修县内一个叫做军山的小镇读完的。初中连续几年，每次上学都是从杨家岭火车站沿着铁路走到军山火车站，脚下的这条铁路就是南浔铁路——陈寅恪的父亲陈三立是这条铁路的主要筹建者之一。杨家岭位于南昌和九江的中间，往北挨着军山，往南挨着县城涂家埠，涂家埠正是南浔铁路跨越修河的重要车站。一句话，我移居的地方、我走过无数次的铁路，都是当年南浔铁路总理陈三立足迹所及之地。这不能不说是另一种缘分。

更重要而直接的机缘，是我在华南师范大学读研究生时碰到的一次机会。1993年，我从永修县第一中学考入华南师大，跟随管林先生学习中国近代文学。1994年，管先生受到江西方面召开陈宝箴、陈三立研讨会的邀请，他当时已经是华师的校长了，事多人忙，无法参加，就让我摸一摸陈氏父子的情况，看看能不能参加学术会。我遵命作了一次基础性的摸排，这才发现相关研究很不到位，各种工具书（不少还是权威辞典）连陈三立的生卒年都互相矛盾。后来我代表管老师去开会，还应邀作了发言，那时候年轻，不知道天高地厚，还好没有瞎说。回广州后，向老师做了汇报，老师非常宽容、开明，同意我选择义宁陈氏研究作为硕士毕业论文的选题。从此我就一头扎进去了，再也没出来，不知不觉做了二十多年。可以说，业师管林先生是我从事义宁陈氏研究的引路人。

1996年，《近代史研究》发表了我的第一篇重要文章——《陈三立与谭嗣同》。作为中国近代史研究的顶尖刊物，能够发表一位中文专业硕士研究生的习作，极大地鼓励了我。直到现在，我都对当年的责任编辑谢维先生感激不尽，尽管从未谋面。

1998 年，广东举办纪念戊戌变法一百周年学术研讨会，我大概是在这次会议上认识华南师大历史系宋德华教授的，会议结束后偶尔还有些往来。宋先生十分宽厚、热心，他的夫人杨向群女士在广东教育出版社做编辑，经由他牵线，我才有机会把正在编撰的"陈三立年谱"改写成陈寅恪家族数代人的"合传"，交到广东教育出版社试试运气。

《陈寅恪的家族史》就是在这么多因缘的共同作用下，得以写成并问世的。

二十多年前，电脑还是稀罕物，利用互联网进行文献搜索也还没有普及。写作这本书所依靠的材料，大致有这样四个来源：

一是根据《全国报刊索引》，尽可能地搜寻已有的研究成果；二是利用假期，前往修水陈寅恪祖屋所在地考察；三是与陈封雄先生、陈小从女士书信往来，获得不少回忆性资料；四是从汪叔子先生那里借到陈三立诗集、文集的复印件，复制了一份。

说到第一个来源，按照现在的眼光看，当时被我遗漏的研究成果确实有很多，条件所限，也是无可奈何的事。

说到第二个来源，十分感谢修水的两位朋友——刘经富先生和欧阳国太先生。《陈寅恪的家族史》开篇的"楔子"，介绍了我和他们首次见面的情形，此不赘述。

　　说到第三个来源，还要感谢 1994 年的那次南昌会议。我在开会期间拜识了陈小从女士（修水陈菊虞大姐领着我走进老人的房间，至今记忆犹新），等她回到武汉，隔了较长时间，我才鼓起勇气给她写信请教，从此结下一段二十载忘年交。和陈封雄先生书翰往还，与刘经富、欧阳国太二君结识，都要归功于小从女士的引荐。

　　说到第四个源头，汪先生当时提供给我的陈三立作品集（复印件），包括《散原精舍诗》（及其《续集》《别集》）和《散原精舍文集》，其中的诗集是上海中华书局 1936 年的重印本。这套特殊的诗文集，不但为《陈寅恪的家族史》提供了至关重要的素材，而且成为我后来研究陈三立的主要参考书。最近，我才从李开军教授那里知道，在陈三立诗集的众多版本中，这个本子的文字"更值得信赖"（李开军辑释《散原遗墨》，凤凰出版社 2020 年版，第 179 页）。歪打正着，颇感惊喜，也更加佩服开军博士的精益求精。

《陈寅恪的家族史》最让我满意的，还是对于陈宝箴、陈三立父子主持湖南戊戌维新的叙述与评议。论文《陈三立与谭嗣同》，脱胎于我撰写的"陈三立年谱"，专书《陈寅恪的家族史》延续了这一特点。优劣、长短，均与此相关。

这本书就其内容而言，应该称作"陈寅恪前传"或者"陈宝箴陈三立合传"，和我最初的预想——"义宁陈氏合传"——不甚吻合。这一点，算得上《陈寅恪的家族史》的一个遗憾。关于这个遗憾（或者缺陷），我在最新版《陈寅恪家史》的后记里有一个回应，在此也不多谈了。

说到《陈寅恪的家族史》的收获、启发，我想至少也有四点：

其一，这本书或多或少提高了学界和公众对于陈寅恪祖居地的关注度，对于从家族史角度研究陈寅恪起到了一定的助推作用。

其二，这本书帮助我顺利地从讲师破格升为副教授，可谓名利双收，受益至今。

其三，这本书的写作、出版，为我带来了十分重要的文字缘：汪叔子先生后来约我合作整理《陈宝箴集》，胡文辉、马忠文先生主动赐函结交，李开军博士等友朋一再施以援手，等等。

其四，让我真切地感悟到：写书、出书，再怎么认真、细致都不为过。古人说校书如秋风扫落叶，今人戏称"无错不成书"，大凡出过书的人都会有同感。我自己校对《陈寅恪的家族史》多达十次，依然无法避免一些低级错误，印象最深的有两处："屈大均"错成了"屈大钧"，"江苏嘉定"错成了"浙江嘉定"。第一个错误，幸好新版及时改了过来；第二个错误，整整过了二十年，才承蒙卢礼阳先生指正。这类低级错误，错得让人汗颜，错得让人无语。

2019年，《陈寅恪的家族史》经过大量增补，易名为《陈寅恪家史》，改由东方出版社出版。后者虽然是一本新书，内容、材料都有较大变动，但基本框架仍延续了前者，可谓旧著新编。

回首二十年，人书俱"老"，不变的是久久的温情、敬意和一份小小的坚持。

2020 年 10 月 12 日

韦泱：《金子的分量》

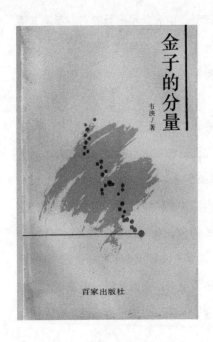

写作四十多年，出版了十余本书话集，有人称我书话作家，我也乐意接受。但我最早出版的书，不是书话而是诗歌。窄长的开本，清秀的装帧，惹人喜欢。这样的袖珍版本，以后很难见了。于我，颇有点敝帚自珍的意味。

　　这本诗集叫《金子的分量》。当时，我已从工作了十五年的电力行业调到一家有银行背景的经济杂志《上海投资》，担任编辑兼记者。工作相对自由，有了更多写作时间，尤其是到了一个新单位，有不少新鲜感，遂写了一组金融题材的诗歌，如《华尔街》《远离银行》《陕甘宁边币》等。其中有一首《金子的分量》，写的是读了杰克·伦敦《热爱生命》后的感悟。小说写比尔临死还紧紧抓着装有金子的鹿皮口袋不放，讽刺有人把金钱看得比生命还重要。我就把这首诗题用作了书名。这也说明，我的人生有了一个明显的转折，从工业系统到了金融行业。

说到这本诗集的出版，就要说到我的诗歌创作了。

1972年我进入吴泾中学，"文革"中没有正常的教学秩序，但学校有个音乐教师陈大鹏，组织了一个学生写作兴趣小组，我就开始参加小组文学活动，包括请来附近吴泾焦化厂的工人诗人洪善鼎等，来校给我们讲课。洪老师后来恢复高考时考入华东师大，毕业后分配到上海市文联做财务工作，似乎远离了诗歌。大概到了1974年读中学三年级时（当时不分初、高中，是四年制中学），我开始学写诗歌，主要是配合学校赛诗会之用，大多是四句形式的民歌体诗歌，这在当年也是较为时兴的一种诗歌形式。我还从新华书店买来《上海新民歌》活页专辑和《朝霞》月刊，作为自己诗歌写作的范本。

很快就进入了1976年，"文革"结束。此时我中学毕业，延至第二年，就直接进入华东电力建设局技工学校读两年制的电力专业。当时有句非常有名的口号："把被'四人帮'损失的时间夺回来。"学校的风气紧跟社会，学习蔚然成风，同学们的求知欲十分强烈。我埋头学电力专业，顾不上文学爱好了。

1979年技校毕业，开始踏上工作岗位。此时，举世闻名的上海宝钢工程正拉开战幕，我分配到电建局下属上海电力安装第一工程公司，直接进宝钢工地，参加正在建设中的宝钢电厂工程建设。我家住市南一隅吴泾二村，工作在市北的宝山长江口畔，无法天天回家，只能与郊区及外地的工友一样，住宿沿江一个叫"狮子林"的地方。我学的是电厂锅炉安装专业，分配在锅炉工地钢架班。这是较为繁重的一个工种，每天系上安全带，戴上安全帽，爬上七十多米高的作业面，用电动枪紧固螺栓，从事钢梁的对接安装。

有人说"无聊才写诗"。白天的工作异常辛苦。到了晚上，老师傅和小年轻在宿舍里，每天下班就是抽烟喝酒打牌闲聊。我觉得无聊，又没事可干，就看看书，并重拾写诗的爱好。见我喜欢写诗，有个工友悄悄跟我说，我们单位过去有个毛炳甫，写诗写出了名，调到市里去了，现在《宝钢战报》做编辑！说者无意，听者有心。我找来《宝钢战报》，在第四版"吴淞口"副刊的责任编辑一栏上看到了毛炳甫的名字，想起曾在《朝霞》杂志上读过他的诗，就冒昧将自己的诗歌习作寄去。不久，我的诗《吴淞口畔》《F型吊车》登上了副刊版面。以后，我常常寄诗，常常发表，我与毛炳甫成了作者与编辑的关系。我还到宝钢指挥部所在地"丁家桥"，在一座两层小楼的报社与他聊过。

一天，我正在工作，毛炳甫找到工地，把一张"通知单"送到我手中，这是上海作家协会办的"诗歌沙龙"通知，用了一个当时非常时髦的名称。这是一个系列活动，每一周还是两周举办一次，我记不得了。反正是晚上，在作家协会的驻地巨鹿路上。到了这一天，我一下班就换下工装，穿得干净整洁，像朝圣一样，换乘几路公交车赶往市区，去参加"诗歌沙龙"。这个诗歌活动的发起人是萧岗，毛炳甫是主事者之一。在此，我第一次见到了上海不少诗人。

因为爱好写诗，改变了我的命运，很快便脱离每天劳作的"苦海"，调到公司团委担任专职团干部。过了几年，毛炳甫对我说，你已写了不少，准备出个诗歌集子吧，这是以后申请加入作家协会必需的条件。他说认识老朋友的孩子，在出版社工作，就把姜逸青介绍给我。又介绍他的老文友、时任作协诗歌委员会主任的冰夫先生，为我的诗集作序，题目是《闪烁其金　厚重其情——序韦泱〈金子的分量〉》。一切出书事宜，都进行得十分顺利。

此书出版于 1994 年 3 月，由百家出版社出版。它是上海出版局直管的一个小型出版机构，后来并入上海文化出版社。责任编辑姜逸青，现在担任了这家出版社的社长兼总编。

诗集共分两辑，第一辑"城市牧歌"，共 36 首短诗，主要是工业与金融题材的诗作。第二辑"怀念岁月"，也是 36 首短诗，主要是人生和阅读的感悟。印数 1 500 册，现在要找到大概不容易了。

诗集出版不到一年，毛炳甫请冰夫及诗歌委员会副主任、《萌芽》杂志首发我的诗歌的诗人宁宇，做我的入会介绍人，我被评审委全票通过，成为上海作协会员。

五十年代的工人诗人毛炳甫是我的"文学引路人"，可惜他因患癌症，去世二十余年了。冰夫远赴澳大利亚，年已九旬。八十多岁的宁宇先生，也进了养老院。我十分怀念他们。

2021 年 1 月

戴建华：《语文丛稿》

戴建华　著

语 文 丛 稿

学苑出版社

黄季刚先生不轻著述，他的老师章太炎先生说："人轻著书，妄也；子重著书，吝也。妄不智，吝不仁。"可谓语重心长。季刚先生回答说："年五十当著纸笔也。"他四十九岁生日，太炎先生特为书一联"韦编三绝今知命；黄绢初裁好著书"，算是督促。季刚先生看后悒悒，因其中有"绝""命"二字。果然不幸成谶，次年重阳后一日，他不到五十岁就去世了。他的著作，生前写定的极少，大多是批注讲义，由他的弟子整理而成，至今还在发挥巨大的影响。不轻著书，自然成了季刚先生门下士遵循的传统。

　　我算是季刚先生的三传弟子，先师李格非先生平生没有著作，他饱经患难，晚值晴明，但为了集中精力主持国家大型文化建设项目《汉语大字典》的编纂，一干就是二十年。中华书局早就约请他写一本关于《尔雅》的书，到底没有写出来。面对这些前辈，我对著书自然也持谨慎的态度。

我是学习小学训诂的，虽然读了一些书，多少有些体会，但不敢妄发议论。有一些比较重大的问题，经反复思考，当然也写了几篇论文。可是总扯不长，不像今天一篇论文动辄几万字，甚至十几万字。像文字学上的"转注""假借"，从《说文解字》起，近两千年来言人人殊，现代一些专家干脆说没意义，不要研究了。我想，古人提出的重大概念，不会是空穴来风；一代人做好一代人的事，相信后人比我们聪明。因此，就力所能及，写了《"转注"说略》《"假借"说略》两篇文字，完全用事实（例证）说话，无须发挥，都只写了五千字左右。

有关传统训诂学的著作，真是汗牛充栋。一些重要的书，读的好不好，可以用写读书报告的方法来检验。书读得深入，读书报告就能写得实在，中肯綮，得要领。《小尔雅》是重要的训诂书，我读了好多遍，有点心得，就写了《读〈小尔雅〉》一文。我想做《〈小尔雅〉今注》，初稿1992年就写完了，二十多年来一直在修改、补充，现在还不敢拿出来。读书报告的题目很好起，无须大伤脑筋。我还有一篇比较满意的文章是《读〈毛诗传笺通释〉》。

我的文章写得少，又比较冷门，多属考据之类。几乎所有的重要刊物我都去晃了一下，像《文史》《读书》《中国语文》《辞书研究》《古汉语研究》等。这些文字积累起来，好像也有点分量（仅指数量，不含质量）了，朋友们怂恿我出一本小书，于是就结集出版了，这就是我的第一本书《语文丛稿》（学苑出版社 2005 年12 月版）。以前参与过的集体项目不算。

当时李格老已经去世两年，没有比他老人家更合适写序的人了，我就自己写《自序》。既然序是自己写的，书名也就不请名家题了，辜负了几位书法家的美意。从此，也形成了一个惯例，我的书都不请名家作序，也不请名人写书名。印刷体不太好看，就从古人的碑帖中集字。不是一人所写，但要风格大体相近，我觉得很好玩。《语文丛稿》的封面完全没有"设计"，特种纸印了几个黑字，好在朋友们都表扬它"朴素"，我本来就是做"朴学"的，这不是很好吗？

我平生无大志，现在写论文还是搞考据。我希望再积累一些年，能写出几条像乾嘉诸老那样的读书笔记，结集成一本小书，水平自然要比当初高一点，但风格一样，算是一以贯之，有始有终。

《语文丛稿》出版的时候，我刚四十出头，远不到五十岁，对不起前辈。

卑之无甚高论，但求不妄！而已。

2021 年 2 月

陈小平：《高中语文语义探究》

GAOZHONG YUWEN
YUYI TANJIU

陈小平 著

高中语文
语义探究

浙江古籍出版社

1994 年下半年，我从高中语文教师岗位调任初高中语文教研员，此后的二十多年，恰逢中学语文教学的多事之秋，几乎隔几年就更换一套教材，初高中轮着来。教研员的工作就是跟教师、教学打交道。其他学科的教研员不会有教师拿题目来"请教"，而语文学科不时会有教师来"请教"某某句子怎么解释，某某字是什么意思……逼得我天天去研读教材。同时，随手将相关问题整理成文，陆续在语文报刊发表了十多篇文章。

　　2001 年初，在一次会议上遇见人民教育出版社中学语文教材副总编顾之川先生，我向他反映了教材存在的问题，他嘱我整理出来寄给他。随后我寄了《高中〈语文读本〉第二册注释商榷》（27 条），不久就收到顾先生的回信，说来信"对我们修订第一、二册教材将是一个很大的帮助。我已将您的意见交给有关同志，请他们认真研究您的意见。注错的当然要改过来"。人教版2002年12月的印本，在不改变原版面的情况下，已经有17条被采纳。

也是在2001年初，一次跟原《语文新圃》主编、浙江古籍出版社编辑马方方先生聊起教材问题，他觉得这个课题很有价值，建议广泛搜集，深入探讨，详加论证，撰书出版。并预测此书若出，必将受到高中师生及师范院校中文系学生的欢迎。下半年我将5万多字材料送马先生过目，马先生随即向代总编徐忠良汇报，徐先生当场拍板立项出版。当时的欣喜之情无法言表。

在接下来的一年多时间里，我夜以继日地研读教材，考证分析，于2002年暑假完成了30多万字的书稿《高中语文语义探究》，提交出版社的同时，送请我的中学语文老师、著名楚辞研究专家、历史学家董楚平教授，楚辞研究专家、训诂学专家、人教社特约审稿黄灵庚教授审核，并请两位恩师赐序。

2003年8月，《高中语文语义探究》出版。该书是对高中语文课本中疑难字词句及其注释的探究和补充。全书分三编：上编为课文注释探究；下编为课文语言探究；附编为注释比较等；共 30.2 万字。

随即，《温州日报》《钱江晚报》《教育信息报》《光明日报》等媒体均作了专题报道。

之后，又陆续出版了两本与中学语文教材研究相关的书。2004 年 10 月，出版《初中语文语义探究》（浙江古籍出版社）。该书出版后，《教学月刊》先后发表黄灵庚先生的《〈初中语文语义探究〉序》和王尚文先生的《现代语文非学不可——读〈初中语文语义探究〉有感》。2008 年 1 月，出版《高中语文语义探究（苏教版）》（也是浙江古籍出版社），黄灵庚先生第三次为拙著作序。

2020 年，中小学语文教材又回归由教育部统一委托北大、人教社编辑出版。笔者跟踪研究中学语文教材二十多年，发现新教材问题依然不少，刚刚修订完成了《高中语文语义探究》《初中语文语义探究》。但由于出版社现在出书先要交一大笔钱，估计再版无望了。

2021 年 1 月 6 日

马忠文：《荣禄与晚清政局》

读书人都有著书立说的志向，"藏诸名山"倒也未必，自己的文字刊行了总是件极开心的事。和一些多产的同龄朋友比，我的第一本书《荣禄与晚清政局》（社会科学文献出版社，2016 年）出版时，我已经快 50 岁了。并非个人蹉跎岁月，而是自己写文章本来就慢，又有过当编辑的经历，吹毛求疵，自己较真儿，难免磨蹭。当然，也有好处，我多年来基本上能做到一点，不熟悉的不写，也不勉强凑字数。

　　《荣禄与晚清政局》是在我的博士论文基础上改出来的，写论文的时候便是按照出书的标准来的，从体例结构、引文注释、行文表达各方面，"高标准，严要求"，还是颇费了一番心思的。这个时候做编辑的功夫就派上用场了，自己写，自己编，边写边编，笔调满意之处也难免孤芳自赏。那时，我的老师金冲及先生虽已年过八旬，社会活动仍然不少，但先生坚持每月抽出时间约我见一两次面，问问进展，谈谈心得，几年下来，教益实在太大了。师生间的轻松交谈，与上大课的感觉全然不同，有时候不经意的几句话，就点开了困惑我好久的某个疑难。所以，现在仍然很留恋那些和老师谈天的情景，书中对很多细节的处理，都是受了先生的启发，只是一般读者很难看出来。

到现在，这本书出版已经五年，加印了两次。礼阳兄希望我总结一下这本书的写作心得或遗憾。我想了想，还是有不少值得分享的东西，不妨一吐为快。

从一开始我就很清醒地认识到，这本书不能写成荣禄的传记或评传。在我看来，传记确实很受欢迎，但这种形式（哪怕是学术性很强的传记），与严格意义上的学术著作还是有区别的。人物传记的写作思路，是将传主作为永远的第一主角来写，其他人物和事件都是作为"历史背景"和"配角"而存在的，主角始终是第一位的，时时被凸显，哪怕从他出生那一刻起。这样的思路很常见，却与事实不符。毕竟，不是每个人每时每刻都在历史中扮演着重要角色，每个赫赫有名的历史人物的影响力和地位，只在某个特定阶段才是无与伦比的。所以，写传记的人很容易"移情"，与传主产生内心的"共鸣"而"偏心"。我不想这样，我希望从知人论世的角度，不光写荣禄，更重要的是把他所处的环境和时代写充分，找出他人生成长的背景因素，诸如人脉、机遇，等到荣禄成为权倾一时的大咖后，再回过头来侧重于考察他的个人因素对朝局和时代的影响。从人与环境的相互关系切入问题，这是我努力展开的思路。换言之，我想通过一个人物的研究，来了解那个时代、那段历史，而不只是这个人物本身。

我尽力了，可还是有朋友认为我做得不够成功，对荣禄有"溢美"的倾向。看来，人物研究真不是那么容易就能做好的。

荣禄权势的煊赫是在甲午战争至庚子事件前后，也就七八年的光景。咸丰初年入仕时，他还只是一位满洲八旗的难荫子弟，地位并不高，因为有军机大臣文祥的特殊关照，以及辛酉政变后在岳父熙拉布的援引下，有机会参加神机营的创办活动，才得以结缘于老醇王奕譞。荣禄与醇王府的特殊关系一直影响着他的政治立场，庚子前后他与端王载漪的矛盾，也是宗室中五爷奕諒和七爷奕譞两支暗中较量的间接反映（核心是入继大统问题），直到他在临死前将女儿嫁给醇王载沣，才算是画上了圆满的句号。

从个人功业来说，荣禄从创办神机营开始，逐渐被视为满洲世家子弟中少有的谙熟西法练兵的人才，终其一生，他是以军事统帅自我期许和引以为傲的。袁世凯小站新军、武卫军的创立，都是荣禄大力推动的结果，只可惜庚子一役粉碎了荣禄的强军梦想，也打碎了满洲权贵在甲午战后趁淮军湘军败落之际重掌军权的如意算盘。从这方面说，他算不上一个成功者。

荣禄为人圆融，明白事理，善于揣摩慈禧心思，事事秉承懿旨以固宠；又善于调处各方矛盾，不惜丧失原则，到处搞"皆大欢喜"；他本人则生活奢靡，贪贿成性，身上仍有不少满洲贵族的习气。透过荣禄的表现，大体可以看出清末官场是个什么样子。

要知人论世，关键是要把握一个人经历中的几个拐点，分出不同阶段，给以切实的定位。对荣禄来说，奠定其一生功业的基础是参与神机营练兵，将他推向权力核心的机遇是甲午年督办军务处的设立，而庚子事件则让他身败名裂，虽获得"文忠"的美谥，最终也算不上真正的赢家。

因为是专业著作，我的第一本书文字还是过于拘谨，有些分析也没有放开，后半部分有大段堆砌材料的问题，也许将来重新修订时还有删改的机会。

不过，现在我对写书已经有了一些新的想法，就算是专业著作、学术书，也不妨写得轻松一点，可读性强一些。"板着面孔""正襟危坐"的文字，太过冰冷，读者面太小，就算学术水准够高，也是有遗憾的。

2021 年 2 月 19 日于北京

金柏东：《温州名胜古迹》

瓯越文化丛书
之十一

金柏东 张瑞复 亦词张 黄兴龙 主编著

主编 吴培寰
张主编 金有年

温州名胜古迹

我的第一本书是《温州名胜古迹》。整整二十五年过去，当我再次读它时，记忆像插上翅膀，飞渡漫漫岁月，勾起我对早年工作的回忆。

　　那是全国第二次文物普查和专题考古调查之后。我一直有个想法，将温州普查、调查和研究成果，做一次梳理，撰写一本类似温州文物综录的书。巧的是，1996年5月，戈悟觉先生约我编写《瓯越文化丛书》中的《温州名胜古迹》一书，我二话没说答应下来。起先由我和张如元老师负责编写，随着篇幅的增多，又邀请蔡钢铁和黄兴龙两位参与。我主要负责古遗址、古窑址、古墓葬、古建筑和部分馆藏文物的撰写以及全书统稿。在编写过程中始终得到胡珠生、张如元、徐顺平三位老师的悉心指导和帮助，各县（市、区）文物干部全力以赴，经过一年努力，终于如期交稿出版。

　　书中写到温州境内已发现的古文化遗址近百处，主要分布在瓯江和飞云江流域两岸。飞云江上游的古文化遗址调查令我记忆犹新。飞云江是温州主要水系之一，之前，在中下游的瑞安、文成曾发现古文化遗址多处，但位于上游的泰顺却一直是个空白点。市县组织了考古调查，我是领队，参加成员主要有夏碎香、李作杭、高启新、陈小宁、周小平以及当地文保员若干人。

　　我们选择的第一个点是百丈溪和莒江溪交汇处的三角地带——下湖墩。这里山顶平坦，山坡平缓，我初步判断这应该是遗址的核心地带。于是我们分成若干小组，手持考古工具镐和锸，地毯式缓缓搜索。我特别交代他们在小石堆或新挖的沟坎上找。大约过了半个小时，有人喊"找着了"，原来是发现了锛、斧两件石器。有了线索，大家更有信心了。我们一上午又找到石杵、石斧、石刀、石锛等，同时找到夹砂陶和云雷纹、方格纹、网纹的印纹陶等器物。

　　接着我们又到临近飞云江源头的司前狮子岗遗址。这里的堆积层比较厚，分布面积大约 1 万平方米。山腰处正好有一条壕沟，我们很快就发现了大批石器和陶器，特别令人振奋的是采集到多件彩陶和刻有符号的硬陶。这些标本如此系统的出现，在浙南地区尚属首次。我们一鼓作气，又在锦边山、牛角岙、山头垟、龙珠山、柴林岗、宫头垟等地发现六处遗址。

泰顺有历史记载的是唐代，这次多处古遗址的重要发现，将泰顺历史大大推前。

曹湾山遗址（原名老鼠山遗址，后觉不雅，遂改今名）的发现也是如此。2013年5月公布为全国重点文物保护单位的这处遗址，其实早在1985年就已被发现。

市县组成的文物普查小组，对瓯江沿线的双屿、仰义、上戍、外垟、藤桥等地古文化遗址进行全面调查时，发现一山岗引人注目。它四周环境空旷，沿境河流蜿蜒，具备典型的史前遗址迹象。我们从山的左侧步入，里面是个村庄，村口有几位老人在聊天。我们上前给他们递上烟，点上火，询问右侧是什么山，他们异口同声说"老鼠山"。我对老人说，准备上山看看，不知抄哪条路比较方便。一位老人说自己就住在山腰，自告奋勇带路。山顶空气清新，北偏东山坡坡度适中，像片斜面的草坪。仔细观察后，我们开始采集标本，很快就发现了几件石磷和石锛等石器，接着又发现了印纹陶片。在不到两小时的采集中，四五个人都有所获。两位年轻人第一次参加调查就有所得，非常高兴，认为是老鼠山带来的好兆头。

老鼠山位于温州西部，西南东三面为戍浦江所围绕，海拔仅 61 米，是一座主峰和多座小山头连成一体的岗丘型山岗。2002 年初，省考古研究所王海明领队复查该遗址，发掘出新石器晚期至夏代的大型岗丘聚落遗址，声名大震。

除了关注温州史前文化遗址现状外，《温州名胜古迹》一书的另一个视角是对以瓯窑为代表的本土瓷器生产体系内涵的探索与重构，为瓯窑青瓷的研究夯实了基础。

永嘉区域窑址分布范围比较大。我们去调查启灶、坦头窑址的途中，要翻过南岙村的马鞍山。在半山腰时，我突发奇想：如果在这里发现窑址该多有意思。忽然间我就发现 5 米开外的小土堆上有几片青瓷残片，这些瓷片与瓯窑瓷片完全不同。当我们慢慢掀开它的面纱时，不禁惊喜：这可是龙泉窑系的罕见瓷片！这批青瓷片主要有碗、盘、水盂、粉盒等，胎质细腻，釉色温润，制作精良，莹净如玉。我判断这可能是在本区域调查获得的最好的元代瓷片。三十多年后即 2020 年 4 月，为配合杭温高铁建设，温州博物馆联合永嘉县文物馆联合发掘的马鞍山窑址，被评为浙江省十大考古新发现。

在启灶窑，我们则发现了釉下彩。那天到达启灶窑址时，太阳已偏西，山坡上的瓷片在余晖映射下发出银子一样柔和的光泽。丰富的堆积层，质量上乘的残件，让我们惊喜异常。当时采集的标本主要有青釉壶、罐、钵、盘等，直口罐、执壶和碗的适当部位施加了褐色圆斑，边缘有明显晕散区，难得一见的是窑具匣钵，竟然是瓷质的。考古调查表明该窑褐彩属釉下彩，在瓯窑唐五代窑址中颇有代表性。《中国考古年鉴·1989》认为："温州六朝釉下彩的发现，将我国瓷业釉下彩工艺的起始时间大大提前。"距我们考察二十多年后，启灶窑址进行局部发掘，被列为全国重点文物保护单位。

《温州名胜古迹》第四章是古建筑，详细介绍了泰顺廊桥。从结构来看，泰顺廊桥是《清明上河图》中北宋桥梁的再现，其数量多、工艺精湛、造型独特，引起国内外专家的广泛关注。廊桥中三条桥历史最为悠久，入选茅以升先生主编的《中国古桥技术史》一书，2006年被列为第六批全国重点文物保护单位。据泰顺《分疆录》记载，清道光间修建时曾发现唐"贞观"旧瓦。

我第一次到三条桥调查，县文博馆馆长夏碎香和馆里的陈小宁等同行。到达现场时已近黄昏，放眼望去眼前简直像一幅油画，色彩丰富，层次分明。当时我冒出一个念头，唐贞观年间的瓦如果还在该多好。我登上竹梯，在屋面檐口成千上万的瓦片中，横看竖看，终于在接近中脊的位置，发现一张浅灰色、大尺寸的瓦片，我告诉同行"有情况了"。一个小年轻随即踩瓦攀高，找到那瓦片。只见瓦片上一行清晰的刻字："丁巳绍兴七年九月十三日开工作瓦其年□□□□立"，确认是南宋绍兴七年（1137）九月十三日的瓦！大家欣喜若狂，兴奋的欢呼声回荡在山谷。

令人高兴的是，2020年三条桥落架维修时，共发现刻画修建时间的砖瓦有9件（瓦8片，砖1件），其中有北宋大观年间、明代永乐年间等。这些传承有序的瓦上铭刻，是泰顺先民造桥近1500年历史的真实记录，为确定泰顺廊桥在造桥史上的地位提供了重要依据。

温州馆藏文物数以万计，《温州名胜古迹》中选的无疑都是最有代表性的物件。其中两件印刷品独具魅力，一是1965年发现于白象塔的北宋刻本《佛说观无量寿经》活字印刷品残页，二是1994年发现于国安寺石塔内的北宋蚕母版画。

这两件物品出土时间相隔不短，面世时都毫不起眼，皱巴巴的小纸团，体量与大拇指相近。我先是清理粉状的外表，然后小心翼翼打开纸团。面对一块块分离的碎片，我屏住呼吸，不断调整角度，试图拼出最理想的画面。每次都大约花上两个小时，才基本将残留画面拼在一起。经在场诸位认可后，马上请人拍照，还请柯志平先生拓裱，以便保存。

《文物》1986年第五期以《早期活字印刷术的实物见证》为题，对北宋活字印刷残页进行了专门介绍，迅即引起国内外普遍关注。《浙江七千年》大型图集还以显著版面刊登大幅实物彩照，国际印刷史首席专家、美国芝加哥大学钱存训博士多次来信了解情况，并从世界科技史高度在国际会议上进行评价。

北宋蚕母木刻版画是现存最早的彩色蚕母版画。中国丝绸博物馆赵丰等两位专家闻讯后，马上赶赴现场鉴赏、考证，认定这是一个重要发现。我写的《温州发现〈蚕母〉套色版画》一文在《文物》1995年第五期发表后，钱存训博士来信鼓励："先生对贵馆所藏珍品多加考订，嘉惠士林，引起国际注目，至深钦佩。"在一次全国古代印刷史会议上，几位专家与我聊天时都直说我幸运，仅仅十年工夫就遇到两件全国罕见的古代印刷品，他们搞了一辈子研究都没能遇上这样的机会。

馆藏文物中还有两件国宝级珍品，一件是 1965 年白象塔出土的北宋彩塑观音立像，另一件是市郊景山出土的北宋褐彩蕨纹执壶。说起这执壶被确定为国宝文物还真费了一番周折。

1990 年，全国文物巡回鉴定列温州为浙江的一个点，来温鉴定的专家有朱家溍、耿宝昌、杜迺松、杨伯达、张浦生等十多人，由李耀申带队。我有幸以温州文物鉴定小组组长的身份参与，并全程陪同。鉴定组专家对北宋彩塑观音立像和北宋褐彩青瓷执壶这两件文物十分看好，特别是北宋彩塑观音立像，经过反复慎重论证，成为温州第一件国宝级文物。

讨论北宋褐彩执壶时，分歧比较大。主要是窑口问题，会上有不少人认为，该壶褐彩掌控和应用已达到炉火纯青的水平，非长沙窑莫属。我也谈了自己的看法，温州瓯窑大约在魏晋时期最早使用褐彩工艺，晚唐至北宋时期褐彩工艺已相当成熟，虽然目前还找不到这样精致的纹饰，但同样的造型都能在窑址中找到盖、流、把、底、瓜棱的残片，褐彩呈现的褐、黄褐和褐中带绿，亦能在窑址标本中找到依据。讨论很激烈，一下子难以定论。天色已近黄昏，专家建议我们找出有说服力的各类标本，明天返京前在温州饭店会议室再做定夺。当天晚上，我们与管陶瓷库房的同事通宵达旦寻找最为接近褐彩执壶的标本，包括造型、釉色和褐彩标本，足足有一箱。第二天我们来到会议室，将所有的标本分类摆好，进行讲解。一切都变得顺理成章，温州第二件国宝诞生了。

　　窖藏出土文物一般来说都是珍品，书中原本准备单独辟为一章。考虑到篇幅不大，就并入"馆藏文物"章节。

　　1983 年 3 月，永嘉县下嵊乡山下村村民平整土地时，在离地面一米处发现磁州窑白地铁锈花盖罐，罐内藏有一批银器，保存较为完整的有 51 件。文物干部林鞍钢赶赴现场，在完成清理点交工作后，马上给我打电话，请我来鉴定。我看到这批银器时很惊讶，根据磁州窑的罐、有商号的铭文以及时代特征明显的银器和钱币，我当场提出了鉴定意见：这批银器是南宋时期制造的，在温州属首次发现，它对研究南宋温州的经济和对外贸易提供了重要物证。第二天省市各大媒体都刊出了相关报道。后来这批银器中的 24 件被定为国家一级文物。

1983 年可谓惊喜连连，6 月又有一窖藏文物出土。泰顺县南浦乡孙坪村发现深埋于地下的窖藏青瓷，内有牧牛砚滴、玉壶春瓶、把杯、匜、碟、高足杯等六件瓷器。夏碎香馆长赶到孙坪村后立即打电话给我。虽然在乡政府的重视下，已追回被人拿走的文物，但为了以防万一，我与夏馆长商量必须乘胜追击，不能有一件漏网。在馆方细致的工作和当地全力配合下，还真有一件人物水滴瓷器被追了回来。在夏馆长一天几次电话的催促下，我第二天坐了五个小时的长途车赶到泰顺。面对一件件精美绝伦的龙泉青瓷，所有疲惫瞬间都消失了。我确定这些为元代龙泉青瓷精品。至于青瓷人物砚滴，有人怀疑是冒充进来的，理由是这类器物造型过去未曾见过，再则青釉颜色偏浓，与前 6 件有明显差别。当时完全有理由将这件砚滴放一放，待以后再请专家一起鉴定。但我还想再努力一下。夜已深，我一边对照仅有的一本画册，一边梳理出元代龙泉窑八个方面的特征对照，最后确定是元代龙泉青瓷，但与前 6 件不是一个窑口。这批元代龙泉青瓷，胎质细腻致密，瓷化程度极高，釉层丰厚如凝脂，后有 5 件被鉴定为国家一级文物。

《温州名胜古迹》一书，是我参加文物工作十多年来工作的记录和回顾，谈不上有多高的学术价值，甚或难免一孔之见，但这点点滴滴，犹如吉光片羽，真实地刻下了我从业以来不同阶段的轨迹，对我后来的专业研究和拓展亦大有裨益。每当看到它作为文物考古的第一手资料被人引用或参考，我的内心总有莫名的感动和感恩。

2021 年 2 月 24 日至 25 日初稿

4 月 30 日至 5 月 2 日修改

张元卿：《民国北派通俗小说论丛》

我的第一本书是《民国北派通俗小说论丛》，2001年由山西古籍出版社出版，印数 1 000 册。

20 世纪八十年代以后，民国通俗小说这种昔日被批判的旧小说逐渐成为正规的科研课题，开始有研究者做系统的整理和研究，其中以范伯群教授为带头人的苏州大学研究团队成绩最为显著。

1994 年我考入苏州大学中文系，成为范伯群、曹惠民两位老师的硕士研究生。当时范伯群教授主持的民国通俗文学研究已在有序展开，主攻方向是南派通俗小说，北派通俗小说的研究还未全面铺开。了解到这个情况后，我就有了试做北派的想法。后来偶然在学校的小书店看到刘云若的《粉墨筝琶》和《小扬州志》，一下被吸引住，靠着书架读了很久。几天后，我买下这两本书认真通读，觉得刘云若的小说比一般的通俗小说要好，值得研究。又过了些时日，我主动向范老师汇报硕士论文选题意向。当时我谈了三个选题，范老师觉得前两个都不合适，却格外肯定刘云若研究这个选题，希望我开始寻找资料，慢慢做起来。有了范老师的肯定，我就正式把刘云若研究定为硕士论文选题。1997 年我的硕士论文《刘云若论》通过答辩，当年论文主体部分在《通俗文学评论》发表，后被人大复印资料全文转载。

得知论文被转载，我很高兴，但也只是一会儿，很快又陷入工作尚未落实的焦虑之中。后几经折腾，工作终于落实，但干的活儿却与文学无关。我自幼喜好文史，本科所学不是中文，只是读硕士后才想把文学研究作为职业，可毕业后找不到文学研究的工作，只得干着眼下能糊口的工作，毕竟吃饭最要紧。无法继续自己喜欢的文学研究，我一度很灰心，觉得以后也没什么机会再找到文学研究的工作了，只能过一天算一天。

后来接到范老师的信，说系里的集体项目《中国近现代通俗文学史》已纳入出版计划，他觉得北派部分还较为薄弱，希望我能把刘云若研究扩展到整个北派，特别是北派社会言情小说，他还提到几位重要的作家，希望我能抽空写几篇论文出来。范老师的来信给我指明了近期的研究方向，能参与《中国近现代通俗文学史》的写作，给了我很大的激励，而我在刘云若之外，对北派的情况也还算熟悉，便当即答应了范老师。

此后，我开始到天津图书馆、天津和平区图书馆等处翻阅未曾读过的通俗小说，同时搜集相关的报刊资料。这期间，范老师经常写信，询问研究进展，交换对作家作品的看法。有一次，他提醒我和天津社会科学院的王玉树研究员联系，说王先生是曾华鹏老师的中学同学，在天津工作多年，对北派作家也有研究，多向他请教对我会有大的帮助。于是，我就和王玉树老师联系见面，记得初见是在天津图书馆大门口，后来交往就多了起来。

2000 年《中国近现代通俗文学史》由江苏教育出版社出版，其中我写的北派部分约有八万字。这本书共分八编，其中《社会言情编》是范老师和我共同署名的。当时我和范老师说《社会言情编》主要是您写的，我写的这一点也是在您指导下完成的，就不署名了。范老师却坚持署上我的名字，说我写的不多，但贡献不小，署名后会引起人们的注意，对我以后的发展有好处。我不能辜负范老师的提携和关爱，就接受了。

如果没有范老师鼓励我继续研究北派，我的北派研究至今可能只有一篇《刘云若论》。有了范老师的提携，我才在与文学研究无关的工作中写成了这八万字的论文，为日后进一步研究北派通俗小说和天津城市文化打下基础。而当时更为现实的成果是我以这八万字为基础写成了自己的第一本书——《民国北派通俗小说论丛》。

1999年深秋的一天，王玉树老师打电话给我，说天津社科院文学所门岿老师正主编一套"学术研究文丛"，问我手头有没有想出的书稿，是否愿意加入。又说因经费不足，审核通过的书稿也要交一部分印刷费。我问了下金额，觉得还能接受，说愿意加入，只是不知我写北派通俗小说的书是否能通过审核？他说可先写个内容简介和目录，交给门老师看看。几天后我带着简介在文学所见到门老师，门老师很严肃地问了我几个问题，说书写得还比较专，可考虑收录。几个月后，王玉树老师来电话问我是否愿意到文学所工作，说王之望所长和他很熟，现在所里的研究方向也逐步调整到天津文学研究，我的北派研究和所里的研究方向一致，机缘凑巧是能调入文学所的，还说可先带我拜访一下王所长。

那年初冬，见到王所长，人很热情，询问了我的研究情况，说会向院里汇报我的情况，争取调我进来。

书稿已有基础，除增补已有的那八万字论文外，另赶写了一些新文章，其中有论文，也有年谱和札记，最后又把北派通俗小说家李薰风的《一个小说作家的供状》作为附录，这样内容和字数就基本符合要求了。

交稿时还要交印刷费，可我手头的钱不够，向解安、张宏峰、成文、陈桂生等同事借了钱，才凑足。就要交稿交钱了，调入社科院还没有消息，我一点把握也没有。有时觉得此生也许没有机会进入社科院这种专业机构了，而出书也许就这一次了，那就把出书当作自己文学研究的告别演出，为个人的生命史留个纪念吧。这样一想，决定请苏大的几位老师给我的书写个序，一来为自己壮壮声威，二来也为苏州的求学生涯做个纪念。当我把写序的请求告诉范老师、曹老师和徐斯年老师后，他们都爽快地答应了。范老师在序中说书中的几篇长文是值得一读的，我想他指的应是《地域特征与文学品格——北派通俗作家对天津的读解行为研究》《津门社会言情小说史论》《北派通俗期刊史论》这三篇文章。曹老师和徐老师的序对我多有肯定和鼓励，这无疑增强了我继续研究北派的信心。

2000年秋，书稿已交，正等待出版，令我惊喜的是调动的事有了结果，社科院同意调我入文学所工作。于是我紧锣密鼓地办调动，终于在12月中旬正式调入天津社科院。2001年，《民国北派通俗小说论丛》出版，我到天津东站货场取到样书打车回去时，一路春风拂面，真个开心！

2002年，王之望所长第一个告诉我《民国北派通俗小说论丛》获得天津市第八届社会科学优秀成果三等奖，为所里增了光。这个三等奖不光有证书，还有奖金。随后这本书在天津社科院也获了奖，也有奖金。两份奖金加起来正好可抵一大半印刷费，压力顿减，心情更好。

《民国北派通俗小说论丛》出版后，我将北派研究拓展到原来涉猎较少的北派武侠小说，给还珠楼主等"五大家"都写了专论，还撰写了《民国北派通俗小说新论》《民国北派非著名作家作品知见录》等文章，北派研究慢慢厚实起来。

现在看来，我第一本书所做的研究只能算是拓荒，虽然有几篇文章至今也还不算过时，涉及的史料在当时多是首次披露，但如今多已被超越。书亦如人，各有其命，但对于靠抄袭来超越，至今仍不免耿耿于怀。我这本书出版后，最早被某硕士研究生和某大学教授大段抄袭，当时很是愤愤，却没有维权。书被抄袭，说明它还有利用价值，只能以此自慰。这几年没看到有抄袭的了，说明这本书可能已没了利用价值，或者学术研究的风向已转。可在我心中，这本书是无法替代的，它让我明白，自己努力加贵人扶持才能成书，才能成事，要相信自己，更要感谢贵人！在此，我要感谢帮助过我的每一位老师，特别是王玉树老师，前些年他回福建老家定居后，少有音讯，祝愿王老师健康长寿！

现在我离开天津已十多年了，偶然想起在社科院的日子，想起我的第一本书，感慨已多过兴奋，早想把这段经历记下来，没想到开笔竟在疫情未除的春天。

2021 年 2 月 20 日于绿筠馆

2 月 24 日改定

陈胜华：《刘伯温传说新探》

2009 年 8 月，文成县文广新局约我编著有关刘伯温传说的书，作为"浙江省非物质文化遗产代表作丛书"的一本，我爽快答应了。

　　之所以如此爽快，是因为我自恃涉足刘基文化研究已有多年，并参与了刘伯温传说的搜集整理工作。更为主要的是我对刘伯温传说的理论研究早已有所留意：2005 年，在文成县第二届刘基文化节的一个座谈会上作了"我看假刘基"的发言，强调了研究"假刘基"的必要性；2006 年，在首届国际刘基文化研讨会的一个小组会上，我较全面地阐述了对刘伯温传说研究的看法，所述观点得到了上海社科院夏咸淳先生等的肯定；随后，应约撰写《国家级非物质文化遗产名录项目申报书·刘伯温传说》（文成县）的文本。

凭着这些，我底气似乎较足。但当我着手编著此书时，便暗暗后悔自讨苦吃了。"苦"处有二：

　　第一，此书探讨和介绍的，不仅是刘基故里所流传的那部分刘伯温传说，而是遍布全国各地的刘伯温传说。我们从全国各地搜集到的刘伯温传说竟有四百余则，对如此之多的故事，浏览一遍尚需时日，更何况需作深入的研读？刘伯温传说又不像白蛇传等虚构性人物传说那样，样式纯粹，脉络清晰，而是零零星星，杂乱无章，极难梳理。

　　第二，要想将刘伯温传说推介出去，就必须先对刘伯温传说进行全面、深入的研究，搞清历史人物刘基与传说人物刘伯温的区别和联系，探明刘伯温传说的口传历史情况，揭示刘伯温传说的鲜明特色，挖掘刘伯温传说的固有内涵和文化价值。而目前的状况是，人们多的是搜集整理，少的是理论探究，现成的理论成果很稀缺。

　　如此重大的任务，凭我个人之才之识之力能胜任吗？我开始惶恐起来。但话已说出，就像水已泼出，收不回了，只好硬着头皮干起来。这一年多来，紧锣密鼓，栖栖惶惶，朝思暮想，苦不堪言。

苦归苦，事后想想也有收获。通过这本小书的编著，我结识了学术界的不少精英和朋友。温州大学黄涛教授多次提醒我，这书必须写得通俗易懂、趣味盎然，这就使本书脱去了不少的学究味；杭州师范大学丁东澜教授，竟一字不落地将全书细读一遍，分别从学术观点和叙述方式两方面做出详尽的鉴定，在充分肯定的前提下，也提出了不少具体的修改意见；温州大学图书馆的万军老弟热心为我搜寻有关资料，使我的写作方便了许多……我只是一介草根学人，身处高等学府的他们却能如此待我，让我深深感动！能结识他们，实乃三生有幸！

特别是若没有写书的任务逼着，我就很难能对刘伯温传说做系统、深入的思考。在这一过程中，我有个惊喜的发现：原来，民间传说里的刘伯温，正是民众自己！

书稿完成后，寄给了南京大学博士生导师、《刘基评传》作者周群先生，请他斧正。他看后，欣然为本书作序，其中有云——

"该书与过去学界重点讨论的刘基被神化的政治历史因素不同，而是重点讨论了刘伯温传说的民间因素。"

"作者得出了这样的结论：'刘伯温传说的土壤在于乡土社会，源头在于广大民众，而不是上层社会和少数文人。'这样的分析是合理的，论证的方法是严谨且科学的。"

"尤其值得指出的是，作者并没有囿于刘伯温传说本身作简单的归类铺陈，而是通过刘伯温传说窥见民众心灵史。"

"同时，作者还结合历史地理学，对刘伯温传说进行了区域分析，探讨了区域文化对于民间传说的影响，显示了作者敏锐的史学眼光。"

本书出版后，在学术界的反响还算不错，并获得了第三届"浙江省民间文艺映山红奖·学术理论奖"。

写到这里，我突然想起许纪霖先生的一段话：

> 我们这一代人，刚开始做学问的时候，都是没有家法的，都是野路子，凭着才气和悟性去硬闯。但是随着时间的推移，我越来越深刻地感觉到，学术，实际上是一种积累，是一代代人的积累。做学术的人，要站到巨人的肩头，一定要接续上某个传统，最好是某个伟大的传统。否则，你所能够达到

的高度就很有限。

我有自知之明，本书所能达到的高度肯定非常有限。而能"接续上"的"某个传统"又在哪里？我正在"新探"之中。

最后还需说明的是，本书原拟作"浙江省非物质文化遗产代表作丛书"中的一本，可为什么又独立出版了呢？这是因为，丛书编委会认为此书太另类，只好作罢。

2021 年 3 月 5 日于文成对话斋

向继东：《生活没有旁观者》

我的第一本书是《生活没有旁观者》，湖南文艺出版社1999年9月出版。此书是"新湘军文丛"之一种，湖南省作家协会牵头组织，邓友梅总序。我请邵燕祥先生赐序，当时还以《一要活着，二要活得明白》为题在《书屋》杂志发表过。书是自费出版的，印了2 000册，还算运作得当，都卖掉了，略赚了一点辛苦费。是意外吗？也不尽然，那时"我手写我心"的文字还是有人读的。至于这书名，也是表明我的"入世"态度吧。记得那年我去北京金台西路2号拜访马立诚先生，马先生第一句话就是"今天在报上看到你的大作，好犀利的"。他说的就是后来收入此书的一篇读书随笔《谁在欺骗自己》，这是读朱正先生《辫子、小脚及其他》的杂感，发表在《中国经济时报》副刊上。

我写过一些文学作品，当然也发表过一些，但总不成器，本书未收录一篇所谓文学作品。当时的《后记》是这样写的：

　　当我把这个集子名为《生活没有旁观者》时，有朋友就说："生活还是有旁观者。"我想了想，朋友的话没错，然而我也并非反对别人选择"旁观者的姿态"。大千世界，芸芸众生，各有各的活法，这是自然的，也是合理的。但我觉得，在当下，除了钱物，似乎还有别样的东西，譬如理念的坚守等。

　　大约四年前，我在采写一组人物访谈时，认识了一位三十年代末参加革命的老人。他本来有很好的前程，但五十年代接连不断的运动将他击倒了，因此沦落社会最低层二十多年，直到1979年平反。我本要他谈谈我的话题，他却更愿意说自己。平反后，工作几年就离休了。他不适于突如其来的"阳光"，感到无奈和寂寞，甚而在潜意识里怀念那个"轰轰烈烈"的过去，自觉或不自觉地还以过去那种思维模式看现在。改革开放十八年后，我听了他的倾诉，心里大为震惊，于是就有了收入本书的《阳光下的备忘录：关于几位知识分子的命运及其思想轨迹的采访》）。此后，不知怎的，我也变了，变得很是关心中国知识分子问题，特别是近两年来，感时伤世，常常令我不能自已。已有朋友批评我："你的文字怎么愈来愈激愤了？"我说，我别无选择——尽管我知道这样的文字会失去一些韵味。

……

历史是残酷的、血腥的。面对昨天，我们反思当然是为了明天，历经磨难的吴祖光老人最喜欢题写"生正逢时"四字，我也挺喜欢这几个字，并就此作有一篇小文。也许可以这样说，当下拥有的，只是历史的一点可怜的进步。在中国迈向现代化明天的进程中，我们还会付出怎样的代价不便预言，但我愿为明天祈祷……

有人说，一个人就是一部历史。七八十年代我是一个文学迷，但在八十年代末，我似乎背叛了文学，以至现在结集的这些文字，都算不上文学。我之所以选择随笔这种形式，是因为随笔更适合于表达我的思想。

物以类聚，人以群分，萝卜白菜，各有所爱。读这本小书，如不合口味，也不必认真，弃之即可；如读出几分共鸣，那自然是对我的一丝安慰，因为我并不孤独。

　　这几百字的《后记》，落款时间是"1999年暮春于长沙"。如今二十多年过去了，重读这段文字，不禁感慨万端。时代究竟进步了多少？这些天，在阴雨绵绵的长沙小住，哪儿也不去，就待在书房里，清理那些题赠的书籍，眼前晃动着一个个过世的老人。他们活过，追求过，无论"出世"或"入世"，他们身后留下的空间，很难弥补了。

　　前两天，我找到二十多年前朱正先生编的《不要忘记钱宗仁》，请朱老补个题签。他提笔写道："钱宗仁死了，作序的李锐也死了。编者我还活着，很寂寞。请问向继东先生，是吗？朱正/辛丑暮春。"朱老年过九十，看上去却很健旺，仍是那么机智幽默，豁达大度。我问他最近在写什么，他说不写了，写了发不了，连《随笔》也走不通了。他是个乐观派，与我交谈时曾有一个"三年论"，我戏称他是"预言家"，但从他的题签和谈话里，也能悟出他深深的忧郁和无奈。《生活没有旁观者》收了事关朱正先生的三篇小文，除上面提到的那篇，还有《有一点"危险的思想"好》《在历史与现实之间》。

此书定价十几元，如今孔网卖到一二百元了。猛然间我想问："有谁愿意再版？"当然，此时此刻，即便顺利再版，还会有人读吗？也许我是孤独的，不禁戚戚然。

2021 年 4 月 30 日于长沙闲居斋

诸葛忆兵：《徽宗词坛研究》

选择学术研究为个人事业后，出版自己的学术著作就成为努力的目标之一。

我的第一本学术著作，情况略微有点复杂。我写成的第一本学术专著，当然是自己的博士论文《徽宗词坛研究》，此书获"北京市社会科学理论著作出版基金"资助，于 2001 年 9 月由北京出版社出版。但是，我博士后流动站研究课题"宋代宰辅制度研究"，即我写成的第二本学术著作，于 2000 年 7 月首先由中国社会科学出版社出版，成为我第一本正式出版的学术著作。略去首先出版的因素，我的第一本学术著作仍然是《徽宗词坛研究》。

1980 年我毕业于温州师范专科学校的时候，已经开始规划自己的事业，即成为一名合格的大学教师，一名合格的中国古典文史研究者。迈向事业的第一步，众所周知：考研。在温州师专学习时，我背诵了大量中国古典文学作品，从《诗经》《楚辞》一直背诵到《红楼梦》中的诗词，其中最喜欢宋词。宋词参差错落，更加适宜背诵。况且，宋词相对私人化的情感抒写，有着特殊的审美魅力。所以，我第一选择的考研方向是唐宋词。

当时，各高校考研招生目录上的研究方向都是写"唐宋文学"，唯黑龙江大学陶尔夫老师的招生方向是"唐宋词"，由此我选择备考陶师的硕士。准备考研期间，我开始系统阅读唐宋词，第一本通读的集子就是《花间词》。读后写成《"花间词"中的"别调"——毛文锡词初探》一文，寄给陶师，陶师随即回信，肯定我的论文经过修改可以正式发表，因此更加坚定了我考取陶师硕士的决心。此文于 1986 年发表于《求是学刊》第 3 期，成为我写作和发表的第一篇学术论文。

经过不懈努力，终于进入陶门，成为陶师开门大弟子。陶师相当严格，每次上专业课之前，都要求我有相当的阅读，交上读书笔记，并让我依据读书笔记先叙说阅读体会，然后才开始讲课。陶师首届只招收我一人，在书房，师徒两人面对面上专业课，我想略略偷懒都没有机会。陶师常常说：你的这些读书笔记，将成为你学术发表的基石。两年后，选择硕士论文题目时，我挑选了读书笔记中自己感受最深者为研究对象：贺铸词。后来出版的《徽宗词坛研究》，其中第三章第三节"诗化革新的深化者——贺铸"，就是我当年的硕士论文。

我攻读博士学位期间，自然选择自己最熟悉的北宋后期词为研究对象，从贺铸词研究拓展开来，完成"徽宗词坛研究"。

研究中遇到的第一个问题是如何为研究时段划定时间线。依照学界通常做法，将北宋词划分为前、中、后三期，我的研究对象是后期，然而何时为后期之起点，我始终无法确定。学界为北宋史划段，大致以三个帝王为一期，即：太祖、太宗、真宗为前期，仁宗、英宗、神宗为中期，哲宗、徽宗、钦宗为后期。这种分段显然不适宜北宋词，如将元祐时期归入北宋后期是匪夷所思的。时间线无法划定，逼迫我转移思路。同时，我在阅读过程中发现，在位时间较长的帝王，其时政和喜好，都对文坛产生了广泛而深刻的影响，徽宗时期尤其如此。我的上述思考，在《徽宗词坛研究·引言》中有如

下表述:

词史上习惯将北宋词分为初、中、后三期。薛砺若的《宋词通论》名之为:蓓蕾含苞时期、花之怒放时期、总集结期。这种分法的最大缺陷是没有为中期和后期确定一条大致的分界线,论及具体词人,便众说纷纭。如秦观、贺铸等人或被归入中期,或被划入后期,标准不一。王兆鹏先生的《宋南渡词人群体研究》根据词人生平事迹、初步系年,干脆将北宋词切割为两大段,将中、后期合并为一,总称之为"元祐词人群"。这种分法有宏观上的合理之处,然线条过粗,依然是对徽宗年间词坛省略的结果。

众所周知,最高统治者的喜好对朝野的审美风趣影响极为深远。尤其是当皇帝本人嗜好文学艺术,同时也是一位出色的文学家时,这种影响就表现得更为明显、直接。宋徽宗在位二十六年(1100—1125),治国之久在北宋仅次于仁宗。徽宗出色的艺术天赋也是历代帝王中少有的。此时,苏轼、秦观等一批词人已去世,词坛上出现了新的组合变化。在徽宗的带动和影响之下，这一时期的词坛创作很有特色。因此，我特意避开中、后期的问题，另外选择角度，审视北宋末年的词作。

我的划段研究出来之后，他人随之跟进，后来的学术著作便有仁宗词坛、元祐词坛、孝宗词坛、理宗词坛、宁宗词坛等一系列研究，可见这种转换视角是可取的。

研究中的第二个问题是徽宗词坛的全貌是什么？如，王灼《碧鸡漫志》在描述徽宗年间词坛创作概况时说：

> 政和间曹组元宠皆能文，每出长短句，脍炙人口……组潦倒无成，作《红窗迥》及杂曲数百解，闻者绝倒，滑稽无赖之冠也。夤缘遭遇，官至防御使。同时有张衮臣者，组之流，亦供奉禁中，号曲子张观察。其后祖述者益众，嫚戏污贱，古所未有。

这里叙说的徽宗年间热闹红火的俗词创作，以往词学研究中无人言及，完全被遗忘。

当时学界还有一种观点：北宋词没有豪放派，苏轼"以诗为词"的创作，在北宋后期无人响应，故不成流派。这与我的实际阅读体验不符合，也不是徽宗词坛的真实面貌。或者说：徽宗词坛之全貌，学界没有予以真实的认识，存在很大的研究空间。我在《徽宗词坛研究·引言》有如下叙述：

> 古今词学家对这一段词人的兴趣，几乎都集中到周邦彦一个人身上。甚至曾经辉煌一时、后代词人对其颇有向往之情的大晟乐府，也只是被偶尔匆匆提及，且多有误解。……徽宗年间词坛创作之盛况，频频见于南宋初年王灼的《碧鸡漫志》之记载。这是北宋词发展的一个成熟丰收期，它在各个方面总集了北宋词坛的成就，成为南宋词人学习的范例。所以，这也是宋词发展历程中承前启后之一个极为重要的起承转合阶段。

我完成第一本学术著作之后最为深刻的体会是：一切研究要从被研究的文本阅读开始，要踏实地沉下心来阅读，研究观点的雏形就形成于这种阅读之中。后来我指导硕士生、博士生，强调如此文本阅读的重要性，反对学生一开始就阅读他人的学术研究。自己对文本没有一个全面的认识，你怎么知道他人对这些文本的研究正确与否？如果你的研究对象是宋代词人，你就通读《全唐五代词》《全宋词》；如果你的研究对象是唐代诗人，你就通读《全唐诗》，当然还要阅读有了今人笺注的宋人或唐人的相关别集。在此基础上，再来阅读他人相关的研究著述，效果就完全不一样了。

当然，还有前人屡屡言及的以周邦彦为代表的北宋后期词作的"雅化"问题，创作中的具体表现如何，学界语焉不详。我将其细化为四个方面："融化前人诗句以求博雅""推敲章法结构以求精雅""追求韵外之旨以示风雅""注重音韵声律以示醇雅"，自己以为将此问题研究推进了一步。

凡此种种，不一而足。

获得博士学位后，即入博士后流动站，出站之后，趁热打铁，先出版了《宋代宰辅制度研究》，而我真正的第一本学术专著却是《徽宗词坛研究》。

2021 年 4 月 13 日

曾纪鑫：《生命流向荒野》

迄今为止，我出了三十多本书，如果算上再版，已逾四十。一位友人曾对我说："年纪大了，得悠着点，如今多出一本少出一本，对你来说已经无所谓了。"此言虽不无道理，但我背后似有一种无形的力量在推动，引导我前行不已。写书、出书的滋味妙不可言，特别是我的前三本书，既艰难曲折，又颇多情趣，不妨一记。

现在要说的是我的第一本书，第二、三本另文再叙。

熟悉我的友人、读者都知道，我主要写文化历史散文，同时也写小说、剧本、评论等，但少有人知道，我出版的第一本书是一册薄薄的诗集《生命流向荒野》，最初得到的是一顶诗人"桂冠"。

这本处女作虽然来得偶然且"另类"，但对我的创作影响甚大。

我是在湖北公安县师范学校念书时爱上文学创作的，那是1982年，发表一篇小说、一首诗歌，一不留神就有可能轰动全国。我最初学写小说，常上学校图书馆，将列夫·托尔斯泰的《安娜·卡列尼娜》《复活》，马克·吐温的《汤姆·索亚历险记》《哈克贝利·费恩历险记》，曹禺的《雷雨》《日出》《北京人》等文学名著借来看了，自己还买了司汤达的《红与黑》，巴尔扎克的《欧也妮·葛朗台》《高老头》以及斯蒂芬·茨威格的《一个女人一生中的二十四小时》《象棋的故事》等，珍藏至今。中篇、短篇、小小说都写，但遭遇的全是退稿，里面夹一张铅印退稿单，偶尔也有手写的令人温暖的退稿信。

我发表的第一篇作品并非小说，而是散文《游黄龙洞》，登在湖南《索溪峪》1985年第2期。该刊由丁玲题写刊名，记得那一期还有散文名家何为先生的作品，我这篇紧随其后。1978年参加高考，语文试卷的作文题就是改写何为散文《第二次考试》，印象实在是太深刻了！

我那时的状况是写得多，发得少，颇为寂寞。而周围写诗的文友却风生水起，有的还出了诗集。于是就想，要不要换副"笔墨"尝试一下诗歌？

写作是需要激励机制的，如果总是搁着无法走出抽屉，写着写着自然就泄气了。那时节发表诗歌的园地挺多，我写的诗，短的十来行，长的也只有三十多行，随便哪个报刊角落皆可露露脸。没想到这一写就上了瘾，一口气写了四五十首。

当年在教育行政部门工作的我，高考时被临时抽调当监考老师。一个考场两名"监考官"，我坐教室门口，另一位坐教室后面，并不时轮番走动，以监督、了解考生动向。我一边"目光如炬"地巡视考场，一边还在构思、琢磨我的那些"宝贝"诗句，可见当时的我对诗歌迷恋到什么程度！

1988 年夏天，我前往武汉参加中国诗歌学会湖北分会组织的笔会。活动分三个小组，我那个组的组长是时任武昌县文化局副局长的著名诗人熊明泽，我们一行坐火车向北方出发，逛青岛，登泰山……一路行来，留下了难忘的青春足迹，也吟诵了不少自己创作的诗句。正是这次笔会，我结识了许多诗友，由此获得不少诗坛信息。那年 9 月，我进入湖北师范学院（今湖北师范大学）历史系学习，读的是专科起点的本科进修，两年制。入校不久，得知武汉大学学刊部正在编辑一套《大学诗丛》，便参与其中。我将自己的诗歌选了30首，以其中一首《生命，流向荒野》作为书名，只是将中间的逗号去掉了。

这是一本自费出版的诗集，没有正规出版社，版权页上标注的是"1988年12月第1版，总印数3000册，0.55元，内部图书准印证006号"。令我喜出望外的是，出版后竟产生了意想不到的效果。那时出书难，读书风气甚好，不像现在。我将诗集放在报刊摊点、书店，大多通过同学、友人帮忙销售，三千册一销而空，而我一时间也成了"名人"，走在校园，无论是上课、进餐、散步，大家都知道我是一名"诗人"。

回到故乡，不少同事、熟人说读过我的诗，还问某首诗写的是不是谁谁谁？令我大感惊讶的是，同村一位小我两岁的儿时伙伴，只念过小学，他竟随口背出一句"妈妈你的那把梨木梳子还在吗"，这是诗集开篇名为《回忆》中的诗句："过去的日子挤在一起是一堆乱麻/妈妈你的那把梨木梳子还在吗/古香古色/头痛得真厉害/很羡慕腊玛古猿头盖的硕大/膨胀/害怕这样会砰地一声爆炸……"

诗集还收了《回忆》《无题》《怀旧》《狗道》等，虽算不上名诗名篇，也属我的"呕心沥血"之作。

一般说来，诗人给人的印象是不拘一格、激情盎然、狂放不羁，与我今天的形象似乎大相径庭，但当年的我，也确有几分诗人的"味道"。

诗集虽然很薄，还是用单光纸配了一幅照片。照片是参加诗歌笔会在青岛海边拍的，留着长发，戴着墨镜，衬衫敞开露出背心，下着一条白色长裤，背景是礁石与大海，一副"意气风发"的样子。

我写的是现代诗，至今依然写不来那种中规中矩的传统格律诗，我的诗观在《后记》中可见一斑。好在该文不长，索性全部引用：

纵观当今诗坛，各种主义宣言、群体流派狼烟四起，烽火燃遍了大江南北、长城内外。现实主义诗歌早就过时，浪漫主义诗派已是抹布一块，朦胧诗已陷入困惑之境，新生代诗歌大有明日黄花之势。楚辞与艾略特的"荒原"相嫁接，民歌与波德莱尔为伍，唐诗与黑色幽默相融会，狄奥尼索斯与缪斯进行柏拉图式的恋爱对话……真可谓喧嚣鼎沸，好不热闹。

日后呢？日后谁知道还会冒出些什么稀奇古怪的尝试来！

我心悦诚服于那些坚信走小路也能打到斯德哥尔摩的哥们，没有他们，文化启蒙不过一句空洞的口号而已。

我舞弄诗歌，不过近两年之事，小说写得我寂寞难耐，就想钻入诗坛凑凑热闹。深感笔头沉重滞涩，难以空灵洒脱。好在今日诗评实无定则，仁者既可见仁，也可见智；飞短流长既可充耳不闻，也可视而不见；更好在本人无甚理论与宣言，也不热衷于某一炙手流派。轻装上阵，诗，可以随心所欲、无所顾忌地写来。唯一偏好者，总以为诗歌应有奇拔的意象、绚烂的画面与深邃的哲理。

诗集出版后，我又一口气写了二三十首，后来兴趣转移，就少写了。大学毕业前夕，索性就不写了。直到今天，也没再写过一首。未来呢？是否兴致勃发、皓首吟咏？还真不好说，得看环境与心境了。也许，《生命流向荒野》就是我的一册诗歌"绝唱"。

最后说说两件与《生命流向荒野》有关的事儿。

一是此书出版联系人、责任编辑黄斌，当年是武汉大学新闻系的高才生，诗写得好，一手字更是写得棒。我们共见过三次面：第一次是诗集印好，我前往武汉大学拿书；第二次是他来湖北师范学院找高中同学玩，我们相聚畅谈；第三次是前些年我从厦门回湖北，武汉一位朋友请客，就职于湖北日报社的黄斌应邀前来，正所谓"待到他日重逢时，把酒言欢话当年"，其乐也融融。

二是前年厦门的一位文友对我说，他在孔夫子旧书网上花 50 元买了一本我的诗集《生命流向荒野》，并希望自己的书有朝一日价格也能一个劲地往上翻。

严格说来，《生命流向荒野》算不上正式出版的书籍，但我还是要隆重纪念，将其视为我的第一本书。

三十三年光阴转瞬即逝，往事依稀，青春不再。如果再来吟诵，我会想到一个既陌生又熟悉的词——不悔旧作！

2021 年 6 月 10 日于厦门园山堂

刘克敌：《陈寅恪与中国文化》

礼阳兄嘱我写一下这个题目，看似好写，其实有些难度，因为自己写"第一本书"的经历没有多少故事性，也就决定了此文没有多少可读性。想来想去只有据实叙述，交差了事。此外就是趁自己还未老眼昏花，抓紧把一些往事记录下来，立此存照可也。

一般而言，"第一本书"是指自己署名且作为唯一作者的著作，在我那就是《陈寅恪与中国文化》，1999年上海人民出版社出版，是在博士论文基础上修改而成的。

我 1994 年考入华东师范大学中文系，攻读现代文学专业的博士学位，导师是王铁仙先生。说起来在报考之前我和先生并不认识，只是在报名后才翻看了先生的一些论文，知道中共早期领导人瞿秋白是他的舅舅，先生自然也是瞿秋白和鲁迅以及左翼文学研究方面的大家。不过我入学后，先生从来没有要求我从事这方面的研究，更未要求我撰写这方面的论文，而是允许我自由阅读和写作。20世纪九十年代中，正是"陈寅恪研究"成为热点的时期，我当时既被陈寅恪的学术成就所折服，更为他的人生经历所感动，就想以他作为博士论文题目。但我也有担心，因为毕竟陈寅恪的学术成就基本都体现在中古文史研究以及语言、宗教、哲学等领域，与现代文学有关者很少，如此，我以"陈寅恪研究"为中国现代文学专业的博士论文题目显然有"越界"的嫌疑。

不过，当我多少有些惴惴不安地向王铁仙先生提出论文设想时，王先生不但没有异议，而且鼓励我说这个题目虽然难度大，但他认为我能写好。我本来想好了如果导师不同意我该如何为自己争取一下的理由，结果导师这样鼓励我反而有些担心。我问导师这是否算是"越界"，导师说现在不是鼓励跨学科研究吗，你研究陈寅恪就是跨学科，没有问题。而且陈寅恪毕竟和鲁迅、胡适、许地山等人有很多往来，他的一些文章也有关于五四新文化运动方面的论述，这些你完全可以写。他还说本来文史哲研究就不分家，现在学科划分越来越细，甚至研究盛唐的可以不看中唐以后的文学，这是不对的，应该打通。

听了导师的一席话，我坚定了从事陈寅恪研究的信心，从那之后基本上一直没有中断，至今已有二十多年，有关陈寅恪研究的著作也出了四种——我能坚持到今天，第一个应该感谢的就是王铁仙先生。

虽然在导师的鼓励下确定了博士论文题目，但真正做起来，我才发现问题大了，不但我的学术准备严重不足，而且资料也极为缺乏。1995年那会儿还没有网络，从图书馆能够获得的主要资料就是上海古籍出版社的那一套陈寅恪文集以及很少一些论文，至于海外和台湾、香港学术界的有关资料更是寥寥无几，有些还放在特藏室不能出借，我只有手抄和复印，更多是手抄，因为那时复印费实在太贵。

如果说资料难以搜集是一个大问题，那么找专家学者请教就更困难了。记得当时上海本地专门从事陈寅恪研究者不多——其实也是我孤陋寡闻，就想到外地拜访一些名家。我第一个想到的不是学者而是作家，就是《陈寅恪的最后20年》的作者陆键东。我通过三联书店的编辑获得陆键东先生的电话，联系后就去广州拜访。陆先生非常热情地接待我，回答了我提出的所有问题。然后我第一次去了中山大学的陈寅恪故居，并在中山大学图书馆查阅资料。遗憾的是没有多少收获——虽然中山大学图书馆有一个专门的陈寅恪图书收藏室。之后我又去了北京等地，在清华大学王国维先生纪念碑前凭吊，也试图查阅一些资料，但收获依然不多。现在想来，收获不多的原因其实和自己当时眼界不够开阔有关，有些史料在今天看来其实很珍贵，但当时我却以为没有用处。不过还是有很多著名学者对我的研究给予支持和鼓励，如周一良、傅璇琮、刘梦溪、汪荣祖等，有的是我登门拜访，有的是写信求教，无论哪种方式，他们对后学的态度都是一样的热情与真诚，以致今天再读他们的书信依然会有莫名的感动。至于本校的王晓明、殷国明和陈子善等先生，更是不厌其烦地回答我的问题并极为具体地指点我的写作，令我十分感动。

1996年春天，我开始博士论文的写作。当时没有电脑，只能手写，为了表示对陈寅恪先生的尊重，也多少有点追求所谓的仪式感，我特意找一个朋友印了一些特大的稿纸总共二十本，每本一百页，每页五百字。我的想法是如果论文最后写十万字左右，这二十本足够我修改十次。俗话说万事开头难，仅仅是引言就让我整整一个星期也没有写出来，主要是找不到感觉。有一天我正在苦恼时，随手拿过一篇写王国维自杀的文章浏览，脑海中突然有了想法，何不以王国维投水自尽于昆明湖作为引子，联想到中国古代文人对"水、河流"的描写作为开头呢？这就是现在《陈寅恪与中国文化》一书的开头："中国文人，一向对时光的流逝特别敏感，而把时间与水联系在一起，更能让人们对一去不返的人生感到迷惘与惆怅。大概从孔子的'逝者如斯夫，不舍昼夜'开始，历代诗文对此就有了无数的咏叹……"说实话，这几句今天读起来感觉有点做作，当时却让我一下找到了阐释陈寅恪的途径，那就是论述他们那一代知识分子的坎坷命运，以及他们为中国现代文化复兴做出的一切努力。

毕业论文的写作由此进入比较顺利的阶段，我每天大致写千字左右就停下，然后看一些资料，想一想接下来如何进行。当我写完论文初稿的最后一行时，感觉虽然不能说写得多么深刻，但毕竟写出了我理解的陈寅恪，如此，论文通过应该问题不大。初稿拿给导师看时，他说没想到你真的写出来了。导师看过后给了我很大鼓励，当然也指出了一些需要修改的地方。我的体会是，等到论文全部修改完成提交答辩时突然发现自己才刚刚懂得一点点，如果重写一定会更好，可惜没有时间了。

论文写好后按照学校要求第一步是提交外校专家评审，记得评审专家有中华书局的傅璇琮先生，南京大学的叶子铭先生，北京师范大学的郭志刚先生，中山大学的黄修己先生，上海师大的史承钧先生等。承蒙各位先生厚爱，均对论文给予较高评价，并同意进入答辩环节。论文答辩时间定在 1997 年 6 月，我和室友郑家建一组，过程还算顺利。答辩委员会的组成堪称"豪华"，主席是钱谷融先生，答辩委员有复旦大学的吴中杰、潘旭澜教授，苏州大学的范伯群、朱栋霖教授，华东师范大学的王晓明、殷国明和张德林教授。各位先生在对论文给予肯定的同时，也指出了需要提高和改进之处。为了撰写此文，我特意找出珍藏多年的钱谷融先生对我论文的评语复印件，以下是其中主要部分："刘克敌同志的论文对陈寅恪的学术思想作了较全面的论述与探讨，与学术界已有成果相比，在广度和深度上都有所拓展与深入。论文不但对研究对象有深刻的把握与精到的分析，能发人之所未发，提出独到的见解，而且从行文中也流露出对陈寅恪这一代学人心向往之的仰羡与一种无可奈何的感喟，确是不可多得的佳作。"我知道钱先生的评语多有过誉之词，其他先生的评价也是如此，现在说这些绝无炫耀之意，主要是表达对那一代老先生的敬意。答辩时我感受最深的是这些先生在提及陈寅恪时那种由衷的赞叹以及谈论他们这代人一生命运时的感慨。也就是从那时起，我决定一定要把陈寅恪研究继续下去。

论文答辩后不久，有了一段暂时放松的时间。记得有一天接到电话，对方是上海人民出版社的编辑李卫，是我的校友，华东师范大学历史系毕业。他说他们出版社有意将我的博士论文出版，我当然很激动，连忙表示同意。不过他提出论文要有较大程度的修改，字数也要增加，我于是很快进入修改完善的工作之中。那时我已到山东一所高校任教，一边工作一边修改论文。因为刚写完不久，很多内容都很熟悉，修改也比较顺利。我当时觉得只要书能出来，其他如印数什么的都不重要。我对出版社只有两个要求，一个是封面要有陈寅恪先生的画像，一个是扉页上要有"谨以此书，献给陈寅恪先生"这一行字。

既然是自己的第一本书，又是在博士论文基础上完善而成，我当然要请导师王铁仙先生写序。不过，他却谦虚地说自己对陈寅恪没有多少了解，推荐复旦大学的吴中杰先生来写这个序。吴先生和王先生是多年老友，论文写作中我也曾多次向他请教，论文答辩后他还让我把其中一章修改后给他，在他主编的《海上论丛》发表，所以由吴先生写序我也是喜出望外，认为和导师写没有两样。就在一切都完成准备出版之际，意想不到的是书稿竟惹出一次风波，出版几乎夭折。原来是出版社把书稿交给几位外审专家审读，据说一位倪姓专家认为不该对陈寅恪大加赞美，因为陈寅恪的思想立场有问题，所以我的立场也有问题。好在出版社没有认同他的意见，此书的出版才没有受到影响，而且首印就印了七千册。

《陈寅恪与中国文化》出版于 1999 年 9 月，至今已有二十多年，之后我又出版了《陈寅恪和他的同时代人》《陈寅恪与中国文化精神》《陈寅恪和他的世界》等几本"陈学"专著。我相信那位专家如果今天再看我的这些书应该没有什么意见了，如果还有，也许就是怪我没有什么进步，对陈寅恪的解读缺少更深刻、独到的见解吧。

2021 年 9 月 5 日

附录 卢礼阳:《马叙伦》

《马叙伦》是我的一部习作，作为"著名民主人士传记丛书"第二辑中的一本，出版已十五年。这部书虽然稀松平常，在我的内心深处却很不普通。

四年之前，应一位朋友之约，在他订购的拙著扉页上面写过一段话，存在电脑里，如今找出来，作为开头，没有什么不合适。

一

韶毅兄特地网购拙著一册，嘱书数语，于是拉杂写下一段应命：

韶毅兄得自旧书网，品相完好。此书特别值得忆念，不外乎第一次单独出书，而且没有花费温州纳税人一分一毫，同时也用不着自掏腰包，给家庭增加负担。感谢河北新闻出版局那位有远见的当家人，拍板推出著名民主人士传记丛书。当时我在十八家上班，看见《人民日报》的报道，写信与丛书主编王维玲，表示为马先生作传的意向。王先生收到《马叙伦年谱》，即予首肯，让出版社给我寄来合同。饮水思源，难忘徐重庆先生的介绍，马以君先生的帮助，年谱稿得以在《南社研究》刊出。

当时不会电脑，二十几万言均系爬格子。为防意外，复印一份留底。尽管迁居数次，复印稿仍保存至今。同事丁大川兄出差北京之便，将书稿捎给王先生。邓伟志先生应我请求作序，事先陈梦熊先生、董进泉先生出力颇多。而发行科提货通知将兴墅南路误作兴旺南路，以至联运公司仓库积压两月之久，为此与新社长李先生反复交涉，闹过不愉快。当时太沉不住气了。次年三月举行座谈会，马允伦先生主持，马骅先生、金江先生、吴行健先生出席捧场，董明先生委托夫人与会，无不令人感动。而一钢、耀东、绍国、瞿炜诸兄费神张罗，同样铭刻心胸。一晃十年过去，不禁感慨系之。

2010 年 1 月 29 日谨记于温图研究室

二

当时我在渔政部门坐冷板凳，工作不忙，却十分无聊。传达室送来《人民日报》，同事往往不屑一顾，而我却要翻翻，至少浏览一下标题。一九九七年十月的一天，读到方殷、陈新两先生的文章《群雕耸立　垂范风流》，介绍河北花山文艺出版社策划"著名民主人士传记丛书"，首批出版马寅初、黄炎培、吴贻芳、王昆仑等六部传记，而且透露第二批在继续运作。于是修书一封，毛遂自荐为马叙伦立传，提出三点考虑：可读性、可靠性并重；既避免硬伤，又注意文采；不平铺直叙，而是浓墨重彩描叙传主生平的三个阶段。

出版社把信转给北京的王维玲先生，就是这套书的主编之一，原中国青年出版社的老总，当时在中华儿女杂志社主持笔政。王先生很快回信，表示肯定，还提出具体要求，其中一条强调"不要平均使用笔墨，根据作者掌握的材料，可有详有简，对于重点部分，要写深写够，写得准确、生动、深刻。要让人感到，作者写的虽是老人物、旧材料，但在写作中，特别是在技巧运用上要出新，有新意，给人旧材料不旧、老人不老，耳目一新的感觉"，对我很有启发。不久王先生寄来合同，还特地赠送《王昆仑》一册给我参考。

因为我写过《马叙伦年谱》，有五万字，四年之前发表在中山大学出版的《南社研究》第五辑上，有一定基础。广东的马以君先生是这份刊物的责任编辑，替我介绍的徐重庆先生，当时兼任湖州民盟市委副主委。马叙伦既是民进中央的主席，同时兼民盟中央的副主席，清末民初是南社的社友，所以重庆先生（尽管未曾谋面）乐于牵线搭桥。

后来出了意外，在家休养，不得不要求推迟交稿时间。正是得益于诸多师友的帮助，半年多一点时间，书稿终于完成。一九九九年初出版社寄来二校样，我复印一份，托在复旦大学新闻系进修的叶育登兄专程送交上海社科院文学所陈梦熊先生，陈先生则在社科院历史所研究员董进泉先生的陪同下拜访邓伟志先生。邓先生刚刚做过手术，也毫不犹豫答应作序。老辈奖掖后学的良苦用心，至今感到温暖。

三

有此因缘，马允伦先生乃三次动员我加入民进。马先生为我找的另外一位介绍人是马骅先生，他动情地说："我跟马老（温州民进同仁习惯称马骅先生为马老）共同做你的介绍人。马老八十五，我七十五，两头马一起把你拉进来。"

随后，二〇〇〇年十二月中旬，我应邀赴京出席民进成立五十五周年暨马叙伦思想与实践研讨会，并以《感激十年心》为题发言，汇报十年来研读马叙伦著作与本书写作心得，最后建议出版《马叙伦集》《林汉达集》《王绍鏊集》《周建人集》等民进创始人的文集。同年底，民进浙江省委举行建会五十五周年纪念会，邀请马允伦先生与我两人参加。我在会上再次提出：

马夷老既是民进的骄傲，更是浙江的光荣。在我们浙江，与马叙伦、林汉达、周建人三位旗鼓相当的知识界名流，成为各民主党派创始人的还有——民盟的沈钧儒、张东荪，民建的章乃器、施复亮，九三的褚辅成，无党派的马寅初，全国工商联的陈叔通。让人遗憾的是，上列浙江民主人士之中，除了马寅初出过全集，其他几位的著作均有待系统的征集与整理。正在创建"文化大省"的浙江责无旁贷，应该把《马叙伦全集》《沈钧儒集》《陈叔通集》《周建人集》等逐步列入出版计划，使先辈们不平凡的思想遗产在二十一世纪成为全社会共享的精神资源。

我的发言得到与会同仁的赞赏。不久，秘书长沈东华先生来电话，要求我按照这一思路，替他们准备一份材料，作为省政协八届四次大会提案稿。于是我起草了关于编纂出版"浙江民主人士文库"的方案，文库包括沈钧儒、张东荪、章乃器、施复亮、马叙伦、林汉达、周建人、褚辅成、陈叔通，再加上民革的许宝驹，一共十家。遗憾的是后来民进省委的同志转告我，中共浙江省委统战部与省新闻出版局对这份提案的答复，大意是：条件未成熟，暂时未能采纳。

时隔一年，有家出版社酝酿启动《马叙伦集》编辑工作，与我商量。经估算，马叙伦留存著述（包括未刊文稿）不少于六百万言，大致可分十七卷出版，为此我拿出了初步方案，由于出版社人事变动，计划搁浅。这自然是后话了。

如今我调入图书馆已有十三个年头。能够如愿以偿从事自己适合的工作，也离不开这本习作。在讨论《温州文献丛书》整理出版方案的会议上，研究编辑部日常工作人选时，马允伦先生主动力荐，"卢礼阳同志有事业心，有著作，能够胜任"，所谓有著作，指的就是这本书。这一天，二〇〇一年五月二十三日，就成为我人生的转折点。

四

马叙伦传单行本目前已出三四种，群言出版社看中拙著，主动提出重版，给了我修订的机会，深感荣幸。依据实际情况，确定的原则是修订旧作，而不是推倒重写。

修订过程中，改正初版本的错别字，将绝句排成律诗的，调整归位。为行文方便，当初对传主往往省去姓，称"叙伦"，恐怕不太妥当，这次一一恢复全名（当然，引文保留不动）。接着，适当充实内容，以创建民进与下关事件两章较为集中，前者增加了当事人刘哲民、唐弢、柯灵的回忆，后者则补充了陶行知的谈话与浦熙修的记叙。我曾应《百年潮》主编之约，写过一篇《下关事件的前前后后》，这次也择要补入书中。尤其是马叙伦在南京医院对周恩来的谈话，比较完整，虽语句不多，却更清晰地反映出他对时局的认识和思想的变化。另如最后一章，马叙伦卧床十二年，相应补充了特护的工作经验，有助于了解传主晚年的生活情况。还有，就是在必要的地方，增加一部分注解，以便读者了解当时的社会背景。如有否加入同盟会、杭州旗营协领贵林遇害、国立医学专门学校任教、北京大学期间挽留蔡元培（何时单独请沈尹默吃鸭子）、东南大学风潮、吴行健的追忆、任高教部部长等等，或修订原先的提法，或增补新得的线索，或答复读者的疑问。正文后面的年表，也作了若干增订。初版脱稿时开列过参考文献目录，当时未能收入书中，再版作为附录，也是必要的补课。

　　修订期间有幸得到不少师友的热情帮助。北京韩三洲先生喜好淘书，见到《马叙伦诗词选》《民进会史资料选辑》，即远道寄赠。最近又提供了中南海保健医生的珍贵回忆资料。南京王春南先生不厌其烦出借《邵元冲日记》，特地托女儿王烨快递过来。余三乐老师慷慨转赠的《石屋馀渖》《石屋续渖》，乃建文书店老版本，这可是他的父亲余之介先生（民进初期候补理事、五十年代初做过马叙伦秘书）留下的藏书，一份难得的纪念品。一钢、韶毅两位仁兄关心修订本的进度。这次查对积存的旧资料，重温北大王世儒先生、温州胡珠生先生、奉化王舜祁先生的抄件或复印件，北京王维玲先生的回信，马允伦先生的书评，依然感到莫名的激动。如今想再向两位马先生和吴先生请教，已经不可能了，一阵惆怅袭上心头。

各方师友的支持，一直是我不断前行的动力。争取今后拿出比较成熟的作品，报答大家的关照。

2014 年 5 月 10 日，记于温州

编后记

《温州读书报》先后开设过二十几个栏目，其中"图书馆纪行""我的签名本""我的第一本书""夏里札记""温州老版本"等专栏颇受各界读者欢迎。"我的签名本""温州老版本"两个栏目，张兄、方兄率先结集为《清谷书荫》《东嘉故书谭》出版。去年夏日，在南京大学出版社的支持下，特别是陈卓先生的慧眼关照下，刊载于"我的第一本书"专栏的前五十篇文章亦得以编选成集，深感欣慰。

说到这个栏目的缘起，其实并非凭空而来。

当时接手《温州读书报》已经十多年，虽然各地读者对我们比较认可，但与"渐入佳境"的状态尚有不小距离，一直在考虑如何改进。苦思冥想之中，忽然记起八十年代初在上海念书，当时新华书店主办的《书讯》

报曾开过"我的第一本书"专栏（具体名称与主办单位是否准确，已记不清），何不旧瓶装新酒？组稿应不成问题。

主意一定，便商请温州本地的几位老先生给予支持。陈增杰先生谈《〈永嘉四灵诗集〉的整理与出版》一文成为打头稿，于二〇一四年二月号总201期刊出。其他先生得悉我们的设想，都十分赞赏，纷纷响应。有的老先生还来电话"批评"我为什么不约他，说自己的处女作也很有故事，值得一谈。我说，求之不得，双手欢迎。

当然，组稿与自发来稿范围并不局限于温州，收在集子内的五十篇文章，温州本土作者十八篇，加上杭州八篇，浙江共二十六篇，另外二十四篇出自十个省市，其中广东六篇，北京五篇，上海三篇，江苏、湖南、山西各两篇，江西、安徽、河南、福建各一篇。作者之中，既有父子（瞿光辉瞿炜）、兄弟（马大康马大正），还有师生（孙崇涛徐宏图），更多的是老朋友（如沈克成张思聪/张求会马忠文等）、老同事（陈增杰钱志熙）等。令人遗憾的是，北京黄鸿森先生、太原温端政先生、杭州游修龄先生，三位前辈已经远行，无缘看到样书了。

　　说实话，组稿很顺利，除个别作者过分谦虚或有顾虑推辞之外，大多很快交稿，即使因为工作繁忙，暂时顾不上，也念念不忘，相隔数月乃至一年半载，稿子依然如约而至，很给我们面子。日理万机、老当益壮的乡贤王则柯先生就是难得的一例。王先生新近又慷慨执笔惠赐序言，令我喜出望外，引以为荣。

　　书稿发排前夕，陈卓兄吩咐我写篇编后记，有所交代，但近期头绪纷繁，诸事丛杂，一时难静下心来，拟以拙著《马叙伦》重版前言（群言出版社二〇一四年九月版），作为本书代跋，陈兄以为欠妥，不如改为附录，考虑比我周全，理当从命。

　　最后，对各位师友的帮助，特别是广州张求会先生的牵线搭桥，表示衷心的感谢。

卢礼阳

二〇二二年十月十八日初稿

十一月四日扩写

图书在版编目(CIP)数据

我的第一本书 / 卢礼阳主编. — 南京：南京大学
出版社，2023.3
ISBN 978 - 7 - 305 - 26367 - 5

Ⅰ. ①我… Ⅱ. ①卢… Ⅲ. ①出版事业－文化史－中
国－文集②文化史－中国－文集 Ⅳ. ①G239.29 - 53
②K203 - 53

中国版本图书馆 CIP 数据核字(2022)第 234728 号

出版发行　南京大学出版社
社　　　址　南京市汉口路22号　邮　编　210093
出 版 人　金鑫荣

书　　　名　**我的第一本书**
主　　　编　卢礼阳
编　　　辑　鲁方平　何　泽　黄丽任
责任编辑　陈　卓
书籍设计　周伟伟
印　　　刷　南京爱德印刷有限公司
开　　　本　787×1092　1/32　印张 11.5　字数 194 千
版　　　次　2023 年 3 月第 1 版　2023 年 3 月第 1 次印刷
ISBN 978 - 7 - 305 - 26367 - 5
定　　　价　59.00 元

电子邮箱　Press@NjupCo.com
网　　　址　http://www.njupco.com
官方微博　http://weibo.com/njupco
官方微信　njupress
销售热线　025 - 83594756